宗其香 家书

宗其香 著

宗海平
武平梅 编

北京出版集团公司
北京出版社

图书在版编目（CIP）数据

宗其香家书/宗其香著：宗海平，武平梅编. —
北京：北京出版社，2017.7
ISBN 978 - 7 - 200 - 12649 - 5

Ⅰ．①宗… Ⅱ．①宗… ②宗… ③武… Ⅲ．①宗其香
(1917 - 1999) —书信集 Ⅳ．①K825.72

中国版本图书馆 CIP 数据核字(2016)第 304853 号

设计顾问　宗海平　刘树信
封面设计　白　雪
责任编辑　高立志　白　雪
责任印制　宋　超　邝　天

宗其香家书
ZONGQIXIANG JIASHU
宗其香　著
宗海平　武平梅　编
*
北 京 出 版 集 团 公 司
　　　　　　　　　　　　　　　　出版
北 京 出 版 社
（北京北三环中路6号）
邮政编码：100120
网　　　址：www.bph.com.cn
北 京 出 版 集 团 公 司 总 发 行
新 华 书 店 经 销
北京京华虎彩印刷有限公司印刷
*
787 毫米×1092 毫米　　16 开本　　10.75 印张　　77 千字
2017 年 7 月第 1 版　　2017 年 7 月第 1 次印刷
ISBN 978 - 7 - 200 - 12649 - 5
定价：198.00 元
如有印装质量问题，由本社负责调换
质量监督电话：010 - 58572393

宗其香

1917—1999

序

　　"文革"开始后不久，我们一家四口就已经分居三地了。两个孩子托给我母亲代管，住在宣武区贾家胡同。我和宗其香则分别被关进了各自学校的"牛棚"，接受革命群众的审查。我虽然可以不定期的回一趟位于东城区京新巷的美院宿舍，也就是我们的家，但也只是换洗衣物，取放一些生活用品。即使这样，请假销假依然是必需的。想起来也真是的，虽然管理上他们或松或紧，我们却不敢拖延怠慢，每次都是来也匆匆去也匆匆。时间久了，大家的目光、表情也都变得平和、友善了许多。有时也会遇上个好说话的，钻个空子在校外多耽搁一会儿，算是心照不宣，但也绝非探亲访友度周末。

　　1970年的5月份，宗其香随着中央美术学院的教职员工，下放到了河北省邯郸市磁县的1584部队农场。这是一次牵涉面极广的乾坤大挪移。青年学生上山下乡接受贫下中农再教育，知识分子去农场劳动学军改造旧思想。

　　既然是部队农场，那自然是部队编制军事管理。营、连、排、班，几个年轻的现役军人带着一帮老弱病残，出操、队列，天天读、谈感想，自然也少不了下地干活。就是不许画画，即使你是画家。由此也便生出了种种情理之中意料之外的突发状况。无疑这为那段茫然的日子平添了几缕鲜活的色彩，却也显露出人们内心的苦涩和无奈。可以写家信，这算是当时最人性化的一条规定了，但须经过领导检查后方可寄出。即便如此，也还是为饱受精神煎熬的老顽童们提供了一个寄托、宣泄、传递、抒发情感的窗口。他们以深情温润着冷漠，以大智对抗着愚妄。他们一直用最合情理的手段进行着最接地气的创作。

借写书信的机会，面对家人，他们把部队农场的劳动生活，逸闻趣事，用生动机智的语言记录一二；面对子女，他们把割舍不断的舐犊之情，无尽思念，化作诙谐幽默的插画作为注释。他们以书信的形式记写并揭示了那个时代的伤疤和隐私，以手写的方式感悟并彰显着亲情的深度和距离。正是因为没有手机，几十年以前，我们才有幸品读到这一页页浓情蜜意的文图；正是因为那个年代，拨乱反正后，我们也才能深切地感知到那一代人的睿智和坚韧。这是历史留给我们的财富。

作为那一批老顽童中的一员，《宗其香家书》的编辑出版，让我们在体会他们未尽夫、父之责的缺憾的同时，也更坚定了我们对人性的追求和未来的期许。大概这也正是宗其香们当年的所思所想吧。

2017年初春　武平梅

目录

给妻子的信

……地。当我们来时开始拔麦，然后翻地〔（犁田用）拖拉机〕，再后平地，放水、插秧、（耘）田，直到现在拔草，大部分劳动都参加（了。）每人对这片田地特别亲切。

其香　八月五日

从里屋看到外屋——我班宿舍一角
原件尺寸　22 cm × 16 cm
写作时间　1970年8月5日
发信地点　河北省邯郸市磁县东城村

地。去他们当时开始拔麦，然后翻地，（搂拉耙）再压平地，放水，再插秧苗，直到现在拔草，大部分劳动都参加过的人对这屯田地特别亲切。

从里屋看到外屋——代（？）校总会一角。

右看 10月5日

……砖坯都是重劳力的。你们在家做砖时，大概也是。我在这里一样做砖坯，这里的砖模一次扣三块，所以速度也快些，又因为借用窑地，一切就地取材，估计一星期可完成近万块（大小坯平均）。

每月薪金在下面发给，然后自己汇寄回家，各班统一办理，今天我校会计室已有人来，今明就发薪，不几天可以寄钱回来。

来信请将我的工作证寄来，工作证大概在放粮票的衣柜抽屉里，如果没有或在大书桌靠外的第一个抽屉里。

原件尺寸　23 cm × 17 cm

写作时间　1970年秋

发信地点　河北省邯郸市磁县东城村

够班卸了重劳动。你给孩子做砖时，大概也是像在这里一样做砖坯，这里活糙，模一次起三块。所以速度也快些，又因为借用窑地，一切就地取材。估计一星期可完成近万块（大小坯车均）。

西同薪金在不届带给，丝没他汇等回家，参加统一办理，予天代陈岑斗会已省人事。今咱就先些，不几天可以寄钱回去。

去你洛城你进工作还要些日子，工给洛大机在放粮要活永搁地里，如带12亩球在大书等吧笼，你让地苗，少地里。

……这次我在大门口的对（面）。

……很久，新娘迟迟不出，又回去干我的事，如此几次，仍然不出来。大约一个多小时后，我又去看，正好一个负责陪新郎迎亲的嘟囔着嘴走出女家大门，径向男家而去（男女家都是本村的），几个老大娘告诉我，男家出这个（伸出四指做个样子），女家要十五，现在回去取钱了。不久钱取来了，又磨菇了一会，迎亲的人员都出来了，接着新郎也出来了。走出大门，转身又向女家一个深鞠躬。然后在门口又最后一等，车队一行等了一刻钟新娘才"姗姗而来"。女家新（家）长扶着带花新车让给新娘推着随大队而走，门口放起了天地响、鞭炮，各人上车，直往男家而去。这样就结束了迎亲初步事宜。你看那个大黑脸便是新郎，这时是在女家最后一等的样子。原来当新郎出女家大门时，便有些爱取笑的人事先等着，用锅烟子向新郎脸上抹去，这时新郎躲闪不开，因为大门不宽，两边都有淘气的家伙准备着，有

原件尺寸　23.5 cm×17 cm

写作时间　1970年10月12日

发信地点　河北省邯郸市磁县东城村

新郎扮的少也不什么。这次我在大门口的对值
很久，新娘还之不出，又回去干指了。如此几次，仍然不
出来，大约一个多小时后我又去看，正好一个多麦由甲陪新
郎迎以嘟嘟声驶出女家大门。逗向另外窜去（那的大家
都了杯的），几个充大娘告诉我，男家出进了（伸出的指领
个样子）。奶复十足，现在回去取钱去了，不大错取来了，
又磨路了一会。迎亲以人又都出来了，接着新郎也出来了，
走出大门，且特贝又向女家一引窜鞠躬。然后在门口又最
后一莱。车队一别等了一刻钟新娘才"姗姗而来"。女家
新郎　　　　　　　　　　　　　　　　扶着带花

新车起给新娘披着随大队　　品去。直
门口放起了天地响。叛炮。合人上车，直往男家品去。
逗样就结束了迎车亲初步了宣。俗着即个大黑脸
便是新目郎。逗时之在女家晨后一莱的样子。原来看
新郎出女家大门时，俗者些誉氏笑的人重要事气着着
用编烟子。向新郎脸上抹去。逗时新郎脸向元
开，因为大门不宽。两也都答海气的俗佟泄合差在

（的）新郎似乎并不强躲，以能够抹上为荣。抹黑的人大半是年龄相等的姑娘，或相识的小伙子。我们房东大爷告诉我，抹过黑当时不能揩掉，必须全面留着，待到回男家才能洗掉。老大爷说，这是本村人，所以没抹多少。若是外村的，就会抹得多了，有用油漆、黄漆、红漆，洗不掉，还用大车轴上的黑油泥，甚至羊粪，还有抹上去非常痒的东西……

车队到女家，还要再给下车钱，数目谈不妥女的不下车，以后还有什么，没去看。听说这天午饭女家的人都到男家去吃。这次在女家磨菇这么久，因为男家迎亲来时太早，离午饭还有好几小时，所以可以讨价还价久久不急上车。农村买办婚姻，封建迷信，真非短期可以消灭！

其香　十月十二日

凌晨二时夜班。

原件尺寸　23.2 cm × 17 cm

写作时间　1970年10月12日

发信地点　河北省邯郸市磁县东城村

和那位十七八岁的姑娘，听说的结亲的事，好上的人大半是年龄相等的姑娘。我想说说这个风俗。我们房东大爷告诉我，扶进门当时不给粧才学掉。必须全面笛看，待到回门另亲才给洗掉。老大爷说，这是本村人，所以好找多。若是外村的，我去找多了，有用油漆、黄漆红漆，洗不掉。还有用大车车上让黑油泥。里基至革囊，还有抹些去那常带的东西……刘希十月十二日凌晨二时夜班。

车队到女家，还要再给下车钱，数目谈不妥女家不下车，以后还有什么，没去看。听说这天午饭大家以八都到另家去吃。这次去女家赌菇这么久用另家已实在时间太早。离午饭还有好儿小时，所以可以让你还价之了不急上车。农村买卖媳妇，去女再送饭，差距又主起那可以谈天！

……中午伙房送饭到地里，饭后在大水渠边的沙滩上午睡，沙滩比沙发软而且温暖干燥，微风送着流水声使人很易入梦。现在我们又在稻地劳动，地亩宽广，主要是解放军劳动，我们只是辅助干下手活，这两天是挖头年割稻后剩下的稻根，以备育稻苗之用。这次稻地不远，只走出村三、四里就到，所以中午回来吃饭，午休后再下地。最近天气不正常，前天一般穿单衣，个别赤膊上阵（当然有我），昨天就刮起北风，又穿上棉衣，今天仍未脱棉衣，这里春天风多，可说没春天，过了冬天就是夏天。

最近想给小家伙们写信，想说的内容很多，就是时间不够，以后只有一段段写，要想一下子写完整总……

原件尺寸　22.5 cm × 16.5 cm
写作时间　1971年春
发信地点　河北省邯郸市磁县东城村

中午休息送饭到地里，饭后在大坝边治坡，坐上睡一觉，此坡北坡发烧而且烟喷干自燃，微风迎着流水声任小纸咭哆響。　　现在代们又是稻地劳动，地弄完了，主画又一致议辛劳动，代们以之动员了众手段。进两天专控头专剖稻杆剩入泥稻根，以备育稻苗之用。去泡稻地不远，只走出村三．四里就到，弄妈中午回专吃饭，休息西小地。最近天气不正常，前天一致寒草夜，个别茶膳上陈（宜些各地），昨天就换上北风。又穿上棉衣。今天仍未脱棉衣。这里春天风多，可说没好春天。过了春天就是夏天。

现正想给小你代们写信，乱想的内容仅表．就之味闲不好，此信写专一段一点，多想一下子写之乱意．

……要乐观，在困难时更要乐观，眼光看得远大，那么就会有革命的乐观心情，大公忘私、大公无私。个人的一切联系在伟大的无产阶级革命事业上，自然就有革命的乐观主义了。农村的空气特新鲜，尤其是早晨。

我们在打麦场上出操，社员们已下地劳动。他们排列成行个（各）个你追我赶，一派生气勃勃的景象。头三天我们在菜地劳动，翻地、施肥、做畦、修堤、种土豆，和其他豆类，今年还种西胡（葫）芦和南瓜。

原件尺寸　22.7 cm × 17.5 cm

写作时间　1971年春

发信地点　河北省邯郸市磁县东城村

高兴欢，互困难时更高兴欢。眼光越得远大，那么就会有种种乐观心情。大的泛知，大的无私，对待一切事来不足个重之以无穷吃偿复命了些上的能。就有色气恬像观主义了。在新 的空气特新鲜，为更久呆层。

祖们生新奢场业出操。就员的工作地劳动。他认排别引到个个修迫切好。一以生气勃工的某条。   玖之天们们生 菜地劳动。毒的地。施肥。做田室。修坝。种土豆。祖员绝豆 麦，多年还种西胡芦和南瓜。

菜地附近风景

原件尺寸　12.8 cm × 18.8 cm

写作时间　1971年春

发信地点　河北省邯郸市磁县东城村

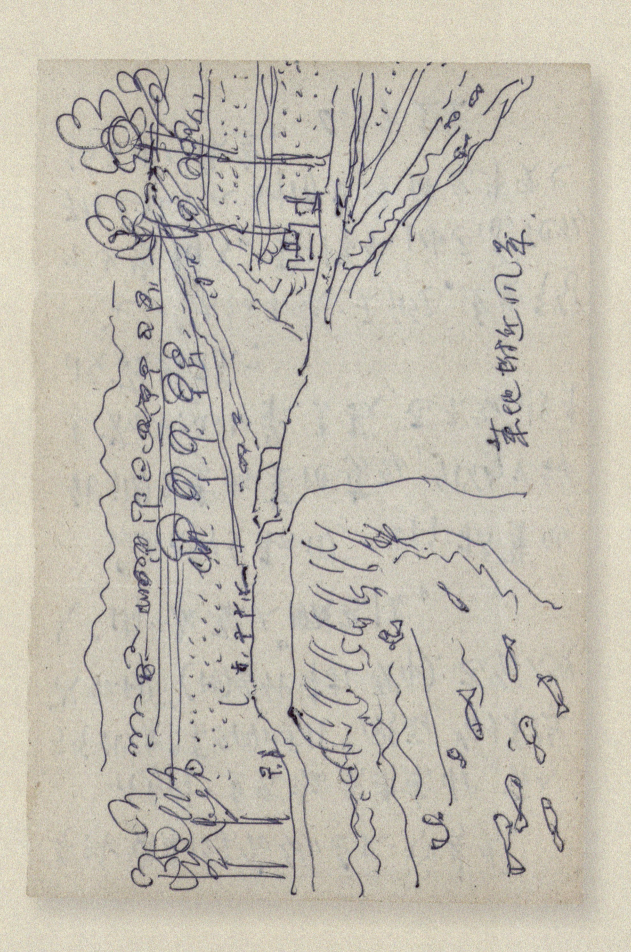

……带回来一只，但到家时从姚有多（姚有多，1937—2001，浙江宁波人，1959年毕业于中央美术学院国画系，留校任教。历任中央美术学院中国画系教授，中国画系第二画室主任，中国美术家协会会员。2001年1月在北京逝世，享年63岁）手里挣逃了，小鸭逃进一个小墙洞不肯露面，四五个人费了大劲才把牠（它）弄出来，放在脸盆里，牠（它）不愿游水，给牠（它）小米饭也不吃，只是一个劲地向盆外飞扑，抓进来又扑出去。真是没法对付，最后只好交给伙食团，因为伙房里买了几十只小鸡，也许牠（它）和小鸡们在一起生活不寂寞，有的说野小鸭养不活，因为牠（它）要吃活食，没法喂。

工作证及照片都收到，照片为何那么黑？

其香　大约七日

原件尺寸　23.5 cm × 17.7 cm

写作时间　1971年春

发信地点　河北省邯郸市磁县东城村

草甸素一叟，但到家时从地肚子里掉也了小鸭，也也一个小膀胱同云省寨雨，四五个人费了大劲才把地弄出来，放在两脱盒里地云颈肤儿，给地小米饭也云吃，只气一个劲地向盒外云挣，抓也素╳╳墣出去，真气没法又才行，最后只好迸给伙食团，因为伙房里买了几十叟小鸭，也许地私小鸡们在一块云话不寂莫，有的说野小鸭等云活，因为地亮吃云食没法馈。

工张记取皿也能都找到，巴纪公所么美？芝吉
太裕已日

……最近我们一直在稻田劳动，今年把所有麦地都改成稻田，赶任务。一面拔麦，一面平地，平了地即放水，接着就插秧。我们去年只平地、拔秧、除草、耘田，还没插过秧，今年任务紧，因此我们也轮上了插秧。早些时候看见本地农民也改种稻子。看见他们插的秧田歪七扭八就笑话人家不会种稻子。现在轮到自己插秧比本地农民插得还难看，每行曲折得像游蛇。才知道插秧不简单，不得不暗地佩服解放军战士插得又快又直又整齐。

昨天学校会计来找我们中一些人对账，就是把文化大革命中工宣队进校前后，群众组织扣的款，以及所谓自愿上交的款一概退回本人，彻底落实党的政策（内部矛盾定案者），大约明天交给本人，我的数目有一千多元。当然我在这无所用，听说一次汇款只能三百元，要分多次汇回来。汇来后可以存起来以为不时之用，问题不在钱，在政治意义，党的政策的伟大意义。

你在学校可以看到"参考消息"吗？最近登载斯诺会见毛主席的谈话你读过吗？

其香　6月23晚

原件尺寸　21 cm × 16.2 cm
写作时间　1971年6月23日
发信地点　河北省邯郸市磁县东城村

最近我们一直在搞田劳动。今年把两分责地都改成稻田，好任务。一面挖责，一面平地，平了地即放水，接着就插秧。我们去年兰平地、拔秧、除草、耘田，还没插过秧。今年任务"紧"，因些我们也学上了插秧。早些时候看见本地农民也在种稻子。看见她们插的稻田弯七扭八，就笑话人家不会种稻子。现在轮到配插秧比本地农民插得还又慢，每科曲折得像蚯蚓宅。才知道插秧不简单，不得不虚心地向那给农民讨教，插得又快又直又整齐。

昨天曾挺会中来找我们中一些人对换只发。我是把文化大革命中一空私进像志向，及各经纪，批给发。以及那给旧轻上毫让发一概退回来人。们就为党党以改革。（内部文件定等苦）。大约明天来给本人，我让投用者一个考元。当然你去这无所用，听说一次汇款半年给二石元。要分多次汇回来，汇费在也毫以为不好之用，闲话不多说。生政治考又尖让改革让伟大意义。

你去曾挺可以看到"考政涨发"吗？最近登载尤所说全国先进哲的谈话你读过吗？

芝香 6月23晚

……此目标努力，要认真学习，认真学好用好毛主席教导，要把毛主席教导真正化为灵魂。也可以说这是我们努力一辈子的事啊。

最近我们抓了十四个大王八，最小也有大花碗那么大，今天放假又有的班天不亮就去渠沟抓王八去了，今天不知有没有收获。方法很简单，一根针一段小线一个木桩就行，如图：

7月18日　其香

原件尺寸　20 cm × 14 cm

写作时间　1971年7月18日

发信地点　河北省邯郸市磁县东城村

此中很努力，多认真学习，还要学好用好无线

电教学。多把无线电教学真正化为灵魂。

也可以说这是你们努力一辈子的了啊。

　　最近你们抓了十四个大王八。最小

也有大花碗那么大。今天放假又有几堆

天不意我去弄讲抓王八去了，今天不知

有没有收获。方法很简单。一根针一

段小绳一个米搏柿就行。如右：

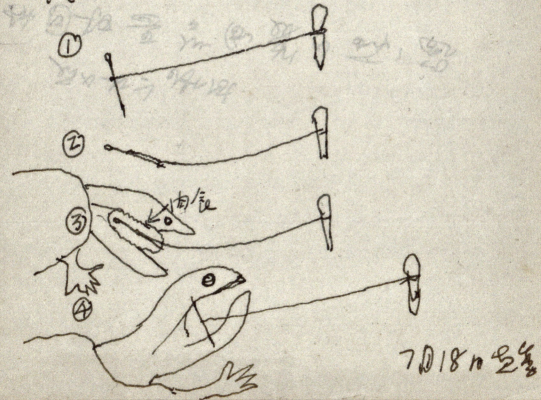

①

②

③　肉食←

④

7月18日呈上

……只做些准备收割的工作，所以最近在家学习的时间较多。

我们虽然有星期假日，但不一定在星期天，有时在星期一、星期二或星期六，看工作需要来决定，有时第一天宣布明日放星期假，但到第二天早晨又改为劳动，或半天劳动半天放假。上星期说是全天休假，我和许继庄（许继庄，1938.2—　，河北武强人，1962年毕业于北京艺术学院美术系并留校任教。1964年调中央美术学院中国画系任教，现为该院教授，中国美术家协会会员，北京工笔重彩画会理事）、李斛（李斛，1919—1975，号柏风，四川大竹人，1942年考入中央大学艺术系，并和宗其香一起被徐悲鸿选为进行中西融合实验的重点培养对象。1948年起定居北京，先后于清华大学营建系，中央美术学院绘画系、彩墨画系，后改为中国画系，任教。不幸于1975年病逝，享年56岁）三人去田沟抓鱼，费了九牛二虎之力挖土堵断一小段沟，正在排水准备抓鱼，班付（副）送来午饭，说是快吃饭，下午还要去菜地劳动。眼看多少鱼就要到手，又没有时间抓了。说时姚有多已动员伙房的郑经文（郑经文，中央美术学院《美术研究》总编辑）也来帮忙抓。他们来时路上遇见了连长，说是一班几个人正在抓鱼，鱼多得很……于是连长也来

原件尺寸　19 cm × 13 cm

写作时间　1971年夏

发信地点　河北省邯郸市磁县东城村

总得生产着收割啦工作，所以最近至多望日的时间较多。

我们虽然有星期日假日，但不一定是星期天，有时是星期一、是星期二，我是星期六，看工地需要来决定。有时第一天全体休假日，放是星期假，但到第二天早晨又改为劳动，或半天劳动半天放假。上星期那次是全天的休假，我和许继在，李绍泉去田里捉鱼。今天我乡二突动挖土塘边一小段墙，又去排水，再收各捉鱼，每班人送来午饭，然后快吃饭，下午还要去菜地劳动。但若多捉鱼就更到手，又没有时间报了，这时挑担又动又供给的邓经文也来帮忙捉，他们来时路上丢见了这管，这是一班口子又去捉鱼。 多别字级……我是这长世来了。连长看看形势，的确大有抓头。于是也卷裤下水抓将起来。班付（副）很谨慎，说是下午还要去菜地劳动，不能抓了，来不及了。连长说菜地又是一回事。于是大家放手大抓起来，连长指挥扩大阵地，要我们几个再往上流另筑堤坝。……这样从几段沟一直抓到一块稻田（稻田多与水沟相联，沟里鱼也多流到稻田里），鲫鱼、鲢鱼、白条、黄鳝，一共抓了四水桶。第二天让全连吃了一顿满足的脆炸鱼。这是我们连第一次抓鱼最多的一次。但是总没有碰上特大鱼，在这次抓鱼后第四天

原件尺寸　19 cm × 13 cm
写作时间　1971年夏
发信地点　河北省邯郸市磁县东城村

了。这样看，形势对鱼大有利头。于是又搬
箩入水抓起来。班长级诸位，说是下午
还要去菜地劳动，而能抓多，来不及了。这次说
菜地又是一回了。将鱼大家放手再大抓起来，这
样接辉打大阵地，要抓住几个再给上流
另等埋罢。———— 这样从几段溝·直抓
到一块稻田。（稻田多与小溝相通联，溝
里鱼也多流到稻田里）。鲫鱼·鲢鱼·鱼秦·菱絲
一是抓了的小桶。第二天弘全连吃了一顿鮮气的

脆炸鱼。这是我们这第一次抓鱼最多的一次。
但是还没有碰上特大鱼。是这次抓鱼后幾天。

刘勃舒（刘勃舒，1935—　　，江西永新人，1955年中央美术学院研究生班毕业。历任中央美术学院国画系副主任，中央美术学院副院长，中国美术家协会副主席，中国画研究院院长）几人割草，经过一个小沟，只是迟了几步，眼看着一个男的一个女的，他们拉了一辆排子车不知到哪里去，他们先前一步发现水沟里一条大鲤鱼搁浅在水沟里。眼看着那个男的不费力就把一条大鱼提了起来，大约有十几斤。这个老乡心不小他要以五元出卖，最后刘勃舒还价二元，因为再多一点身上没钱了，但是他不卖，后来让附近干校的一个同志以两块五角买去了。刘勃舒只迟了一步，一条大鱼让人家轻易地捡去了，而且出两块钱还不卖，为此，刘勃舒说一夜没睡好觉。小水沟在我们下地的大道旁，大道西边较宽约三尺到六尺，大道东边水沟只二、三尺宽，大鱼搁浅时水

原件尺寸　19 cm × 13 cm

写作时间　1971年夏

发信地点　河北省邯郸市磁县东城村

刘静行几人割草，经过一个小滩，出了匪
了几岁。眼看着一个男的一个女的，他们捉了一
辆排子车不知到哪儿去。他们走荒一步发
现小滩里一条大鲤鱼摘浅在小滩里。眼
看着 那个男的不费力就把一条大鱼捉
了起来。大约有十几斤。这个老乡心不小他要
以五元出卖。最后刘勃行还价三元周为
再多一些身上没钱了。但是他不卖。后来他
附近干掉把一个同志以两块五角买

去了。刘   勃行忘匪了一步。
一条大鱼   别人家轻易地
摘去了。而   里出两块钱这
不是。为此   刘勃行了半一夜
没睡好觉。 小小薯生他们工地以
大道旁。大道两边较宽约三尺到六尺，大
道旁也小滩只二三尺宽，大鱼摘浅时如

深不到一尺、半尺。恐怕我们两个小家伙也可以把它抓上来，所以大家非常懊悔又失去了一次良机。

现在大渠水又少了，仍然看到大小王八，我几次路过，看到小王八（约茶碗口大小）在水边晒盖子。它的头冲向水，听到人的脚步声，很快就钻进水里，非常机灵。听说盖子要常晒，才会长硬。

昨天各班一部分去菜地劳动收工回来，就在路边水沟里有些搁浅的小鲫鱼在跳跃。美术史班一个戴眼镜的小胖子跳下污泥去抓，连排长走在队伍前约……

原件尺寸　19 cm × 13 cm
写作时间　1971年夏
发信地点　河北省邯郸市磁县东城村

深不到一尺半尺，恐怕我们两个小伙伴
也可以把它捉上来。所以大家都带着懊悔
又失去了一次良机。

　　这里大虾九又回少了。仍然看到大九王八，
我几次跨过，看到九王八（约茶碗口大小）
连小也晒盖子。

它怕我们冲过水，听到人的脚步声，很快就
缩进壳里，非常机敏是。听说盖子晾常晒才会
长硬。

　　昨天会计把一部分蔬菜地劳动收工回来，
就在路边小沟里方些摘！我的小舅鱼也
到处跳跃。美术史班一个戴眼镜的小胖子
到处乱蹦乱抓，连那蚂蚱也伸脖子咬他。

……有个道路、路线问题，逐步认识了一些人的本质，眼睛亮了不少，一些现象已不易迷惑人了。

最近我们副食又提高了（本来就不坏），又吃鸡、又吃鱼、又吃肉，昨天还大吃一顿蛤蜊肉。还有三大水缸蛤蜊没吃完，这里老乡不吃这些东西，所以水田水沟里大批大批蛤蜊、田螺（特大特肥）无人捞，我们这次大捞了一下用大车拉满三四车回来，真是可观。

厨房门前景色

原件尺寸　22.8 cm × 17.8 cm

写作时间　1971年夏

发信地点　河北省邯郸市磁县东城村

于连续，练练叭叭，还另认这了一些人的举座，咕
咯宽了不少。一些观察了不多这惑人了。

　　最近他们副食又好了。（苹素就不比）。又吃又鱼
又吃鱼，又吃肉。咋天还大吃一顿烩鲤肉。还有多
大水缸也会也知没吃完。这是总争没吃还当东西，那
从水田水沟里大鲤鲤大鲤鲤也会也知。田螺（特大特
肥）。无人捞，他们意次大才芍了一九用大车拉满三の
车回来。实在可观。

厨房门前景色

......

③负责的炊事班：

④捞稠的：

⑤严肃的花手绢主人：

（1）一条花手绢：

　　炊事班的同志，拿着一条花手绢先去四班找寻它的主人，因为四班是女同志班，花手绢大概是四班哪个同志的。可是遍询四班成员，没有一个认为是她们的。炊事班一想十一班也是女同志班，花手绢的主人不在四班，就会在十一班，那是不成问题的。可是跑到十一班查问，也没有一人承认是这条花手绢的主人。

（2）注意卫生：

　　事情的来源是这样：五班吃晚饭时［各班把饭从厨房打回在班人（上）吃］，细心的李桦（李桦，1907—1994，广东番禺人，1927年毕业于广州市立美术学校，1930年留学日本，1934年在广州组织"现代版画会"，是响应鲁迅号召的新兴木刻运动的先驱者之一。1947年应徐悲鸿邀请任国立北平艺专教授，历任中央美术学院教授、版画系主任，中国美术家协会常务理事、顾问，中国版画家协会主席）从他的盛满稀粥菜汤的饭碗中发现一条花手绢，说这条花手绢干净不干净也难辨清，因为它已裹满了菜汤和稀粥，是心理作用呢还是客观存在，总觉得这晚的饭菜不是味，大家也同声都说不是味，于是五班的值日拿着这条花手绢去责问炊事班，应该重视卫生，擦鼻涕的脏手绢怎么能同白菜汤一起煮？？？

原件尺寸　22 cm × 16.8 cm

写作时间　1971年秋

发信地点　河北省邯郸市磁县东城村

③ 交妻以炊事班：

④ 捞绸路：

⑤ ~~以布将衣裳虫口吻~~ 宁寻以花手绢主人：

---

1 一条花手绢：

炊事班以母亲、李杏一 ——条花手绢里寻去の班找寻它
话主人。因为の班是女同志班。花手绢大概是の班哪个晚
饭，可是画绚の班成觉。这是一个乱为了她份以。炊事班
一想十一班世多女以班。以花
手绢以主人礼左の班。找去生
十一班，即是以找到它以。可多
说到十一班查询，也没有一人
承认是这条花手绢以主人。

2 注意卫生：

以惜以事情发生样：五班以吃晚饭时，（令班托饭从厨
房打回以以班人吃）。~~炊~~ 组以以李杏从他以里备稀粥
菜汤以饭碗中发现一条花手绢，说这条花手绢干净不干净
也说稀汤。因为它已襄备了菜汤和稀粥。多以该以用呢
已多观在生，若觉得这晚以饭菜为多味。大家也同吉都认不
多味。于是五班以值日李杏这条花手绢去寻问炊事班。应

该重视卫生，擦身浮以
蒲手绢怎么能同以菜汤
一起煮？？？

（3）负责的炊事班：

　　既然吃饭发现了这种问题，而且问上炊事班来，就应该弄个清楚，彻底消灭有碍卫生的重大事故。炊事班工作人员认真分析研究了这条花手绢，并进行了上面所说的深入各班调查。可是仍然找不到头绪，这条花手绢究竟从哪飞来的？是大锅里煮出来的吗？是窗外吹进来的吗？是从井里打水打进来的吗？是五班自己怎么的？不如建议五班自己也协助研究研究。

（4）捞稠的：

　　于是五班的同志也进行了分析研究，大家仔细回忆当晚吃饭的开始和结束的全过程：

　　"大概是鸡汤煮白菜，真美！"

　　"今晚白菜特多，刚从我们菜地拉回来的。"

　　"白菜真鲜！"

　　"捞稠的"

原件尺寸　22.8 cm × 15.6 cm

写作时间　1971年秋

发信地点　河北省邯郸市磁县东城村

③ **负责的炊事班：**

既然吃饭发现了这种问题，而且问上炊事班去，就应该弄个清楚，扣衣情况有碍卫生的重大事故。

炊事班之作人员认真分析研究了这象花的纸。并进行了上向两说的深入各班调查，可是仍然找不到头绪，这象花子得究竟从哪里飞来的？是大锅里煮出来的吗？是窗外吹进来的吗？是从井里打水打进来的吗？是三班配去么吗？还如建议三班配也帮助研究研究。

④ **捞桶的：**

捞四五班以月名也进行了图分析研究，大家回仔细回忆当晚吃饭以开始和后来的全过程：

"大概是鸡汤煮的菜英美！"

"今晚白菜特多，四川从我们菜地拉回来的。"

"白菜真鲜！"

"捞桶的"

"捞稠的"

"擦擦眼镜看清楚捞。"

"捞稠的"

"白菜多，叶也大，粥也稠。"

"白菜没切碎！"

"白菜太老！"

"你们来看。"

"！！！"

"问炊事班去！"

"真不卫生！"

原件尺寸　23.2 cm × 16.4 cm
写作时间　1971年秋
发信地点　河北省邯郸市磁县东城村

给妻子的信【三七】

"请再认认看是不是？"

"好象（像）？"

（5）严肃的花手绢主人：

"是…"

"我，我的。"

原件尺寸　21.8 cm × 16 cm

写作时间　1971年秋

发信地点　河北省邯郸市磁县东城村

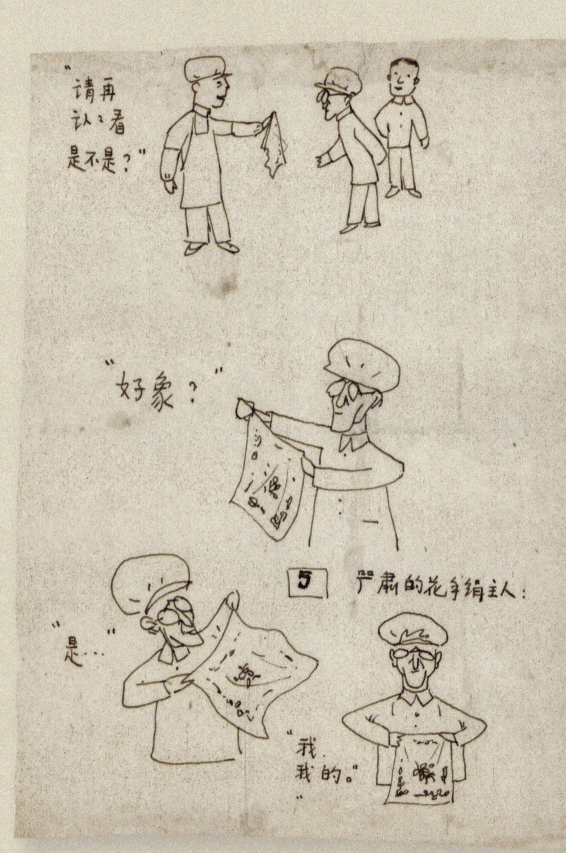

……我们昨天才生火，今天就在宿舍里煮饺子。

现在是晚上十点，从9点起到十点50，我和黄均（黄均，1914—2011，号懋忱，祖籍台湾淡水，福州候官县台江圣王庙金墩街人，1914年7月6日生于北京。著名工笔人物画家、美术教育家。历任中央美术学院讲师、副教授、教授。2011年10月3日在北京逝世，享年98岁）值夜班的第一班，乘此写几行字给你。

亲亲你　其香　11月30夜

问姥姥（姥姥为宗其香妻子武平梅之母，名为黄月华，1905—2001。江苏苏州人，1931年苏州东吴大学生物系毕业，曾任北京市内五区副区长。2001年逝世，享年96岁。时住北京市宣武区贾家胡同44号，此地址也是孩子们的收信地址，当时孩子们住在姥姥家读小学）及全家好，亲亲两（俩）小家伙。

黄均全付（副）冬装在眼前摇摇晃晃看参考

原件尺寸　19 cm × 17.6 cm

写作时间　1971年11月30日

发信地点　河北省邯郸市磁县东城村

……

昨天才生火，今晚就生好炉了。

现在是晚上十点，从9点钟到十点50。我和黄均值夜班的第一班。来此子几封字给你。

亲爱的绍　立春11月30夜

问姥姥及全家好。亲爱的两小保佳。

黄均金付冬装生日茄
……摇……

我们用柳条（做）各式各样各色（架）子筐子……

五光十色……

小架　大书架

小桌　小凳

桶盖　缸盖……

盛杂物盒或大箱

原件尺寸　22.6 cm × 17 cm

写作时间　1971年冬

发信地点　河北省邯郸市磁县东城村

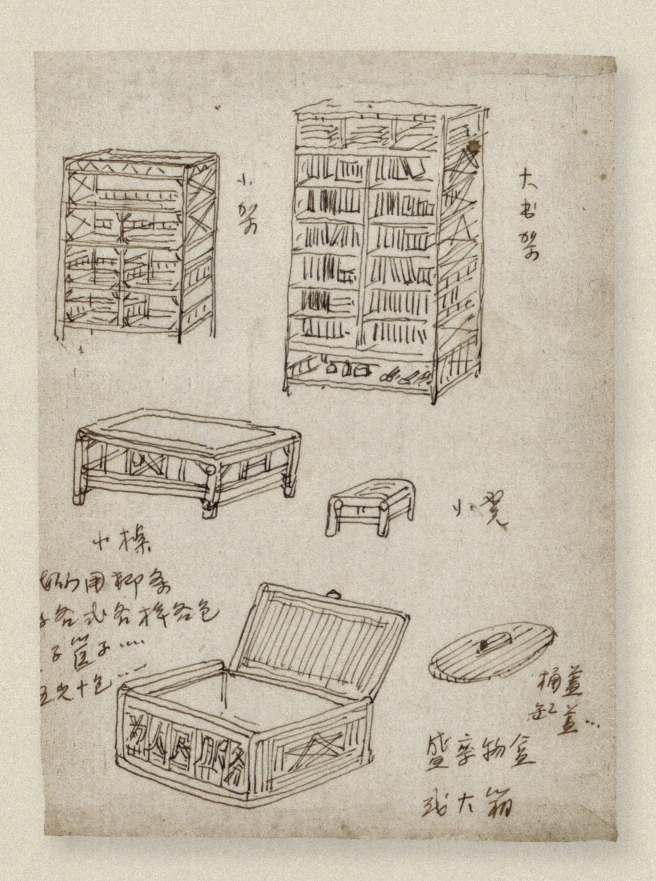

平梅：①来不来？何时来？快给我一个信，以便告诉领导安排住处（估计寒假探亲多）。②处理画片多买几套带来（如不来就寄来可夹在书里做为印刷品寄，书可以把哲学小辞典寄来，血压表亦可折在里面）。③听房东大爷说春节结婚多，若来可能看到抹黑脸新郎趣事。这里出丧也特别，送葬至亲哭成一条龙，像老鹰抓小鸡。④来时带五寸（两个二寸一个一寸）布票，以便还人之用，如不来就放信中寄来。⑤最近我们还在学习（元旦社论再度学），天（天）在室内活动。⑥今天这里气候是白天最高（温）度二至六度，晚最低0（零）下八度左右，一般温度（高），中午有太阳我都（在）院子里脱光擦身。

原件尺寸　21.7 cm × 17.5 cm

写作时间　1972年元月

发信地点　河北省邯郸市磁县东城村

平椰：①寄不寄？何时寄？快给我一个信，以便
若许领导老排位处。（估计寄似不等寄多）。

②处现在也多要几套带来（如不寄就等
多可夹在书里作为新闻印刷品寄，寄了时把
挂号小辟些寄来。也压去也可折之之面）。

③听房东太等说，李芦结婚了。若寄可给
寄到李里区临部部题了。这里出差也特
列。送菜至新婚城一套也，像老房起小羽。

④寄时带五寸（两个二寸一个一寸）布等。

以便远人之用。如不
寄就枚伦中等寄。

⑤员近我们还在学习。（记思计论再没字）天
去室内运动。⑥今天这里气候了，白天是引
度二至出发。晚冬纸口不小横左右。一般还读

院子飞脱光搿多
中午有太阳还却

梅花真自苦寒来其香

给儿女的信

……肥上地，现在菜地里已种了茄子、青椒、小白菜、大葱，还准备种大萝卜和大白菜。毛主席教导说："自己动手，丰衣足食。"我们自己多种吃的就使农民伯伯叔叔少负担些，让农民伯伯种更多的菜供应城市。

爸爸　七月七日

挑菜秧

原件尺寸　18.8 cm × 12.8 cm

写作时间　1970年7月7日

发信地点　河北省邯郸市磁县东城村

肥上地，现在菜地裡已种了茄子、青椒、小白菜、大葱，还准备种大萝卜和大白菜。

毛主席教导说："自己动手丰衣足食"。我们自己多种吃的就使农民伯伯叔叔少负担些，让农民伯伯种更多的菜供应城市。

爸。七月七日

挑菜秧

……家一定要听毛主席的话，要为人民服务。要好好学习，天天向上。

爸爸　七月七日

爸爸和别的同志一道盖厕所

原件尺寸　18.8 cm × 12.8 cm

写作时间　1970年7月7日

发信地点　河北省邯郸市磁县东城村

家一定要听毛主席的话，
要为人民服务。要好之
学习；天天向上。

爸² 七月七日

爸爸和别的同志
一道盖厕所

……次只有年月日而没有名字，我想是写信时太急忙，因而把名字忘了写了，你说是吗？

告诉你一件有趣的事，我们早晨上操，大家轮流带操，有个同志不细心学习，所以轮到他带操时就出了好多笑话。有一次他带操时把口令都喊错了。队伍站好了他跑出去，先向前敬了一个礼，然后就叫"开步走！"队伍齐步走了，他跟着高喊"一二三，一二三"

原件尺寸　19.7 cm × 13.5 cm
写作时间　1970年冬
发信地点　河北省邯郸市磁县东城村

次只有年月日而没有名字，我想是
写信时太急忙，因而把名字忘了
写了。你说是吗？

　　告诉你一件有趣的事，我们早
晨上操，大家轮流带操，有个同志
不细心学习，所以轮到他带操时
就出了好多笑话。有一次他带操
时把口令都喊错了。队伍站好
了他跑出
去，先
向

前敬了一个礼，然后就叫"跑步走！"
队伍齐步走了，他跟着高喊"一二三，一二三，这样一直跟着队伍不断高喊"一二三"。我们是在打麦场上出操，场旁边有柳树，又堆了很多麦草，队伍一直往前走，走到草堆树前也不叫"立定"或"向后转走"，原来他忘记这时该喊什么口令才使队伍变化方向。因为没有口令，队伍有的走上草堆，有的碰上树干，他急了，一时还想不出该怎么喊，只得高声大叫急忙招手"站住！站住！""不要再往前走了！"大家忍不住笑地跑回来。可是队伍不象（像）个队伍，因为没喊好口令都走乱了，这是一个人不认真学习影响了大家练队。你说队伍在行进中为了使大家步子走齐，应该怎……

原件尺寸　19.7 cm × 13.5 cm

写作时间　1970年冬

发信地点　河北省邯郸市磁县东城村

这样一直跟着队伍不断高喊"一二三"。我们是在打麦场上出操，场旁边有柳树又堆了很多麦草。队伍一直往前走，走到草堆树前也不叫"立定"或"向后转走"。原来他忘记这时该喊什么口令才使队伍变化方向，他因为没有口令，队伍有的走上草堆，有的碰上树干，他急了，一时还想不出该怎么喊，只得

高声大叫

急忙招手

"站住！站住！"   "不要再往前走了！"

大家忍不住笑地跑回来。于是队伍不象个队伍，因为没喊好口令都走乱了，这是一个不认真学习影响了大家练队。你说队伍在行进中为了使大家步子走齐，应该怎

……捞的，都是鲫鱼，就放在院子里，天冷时上面有层薄冰，鱼在冰下游动，就象（像）盖着玻璃一样。缸底放块瓦片，有人来了它们就躲进瓦片下面去了，天气太冷时它们也游进瓦片下面去。太阳出来，它们又一个（各）个游了出来，看起来它们生活得很得意。

给小弟的信中说到那位不认真学习的同志，在带操时不会喊口令出了好多差错，闹了不少笑话，他在带操时一出列就向前敬了一个礼，其

原件尺寸　20 cm × 12.9 cm

写作时间　1970年冬

发信地点　河北省邯郸市磁县东城村

捞的,都是鲫鱼、就放在院子里,
天冷时上面有层薄冰,鱼在冰下游动,
就象盖着玻璃一样。缸底放块瓦

片,有人来了
它们就躲

进瓦片下面去了。天气太冷时它们
也游进瓦片下面去,太阳出来,它
们又一个游了出来,看起来它们生
活得很得意。

　　给小茅的信中说到那位不认
真学习的同志,在带操时不会喊口令
出了好多差错,闹了不少笑话,他在
带操时一出列就向前敬了一个礼,其

实当时前面既无排长又无连长只是一棵柳树。大家很奇怪，下操回来后大家问他为什么向前敬礼？他说我每次大队集合排长不是也向前敬礼吗，所以我来带队也应向前敬礼。大家问他为什么向前敬礼？向谁敬礼？他说不知道，只是看见排长向前敬礼，所以我也照做了。这时大家才明白，我们每次大队（全连）集合时，（有时开大会，有时出去看电影，有时全连出操）每排站好队报好数之后排长要向连长报告实到人数。这位同志是近视眼，又不……

原件尺寸　20 cm × 13.3 cm

写作时间　1970年冬

发信地点　河北省邯郸市磁县东城村

实当时前面既无排长又无连长只是一棵
柳树. 大家很

排长

连长

排长

排长向连长报告
实到人数

奇怪. 下操回来后大家问他为什么向前
敬礼？他说我每次大队集合排长不
是也向前敬礼吗, 所以我来带队也应
向前敬礼. 大家问他为什么向前敬礼？
向谁敬礼？他说不知道. 只是看见排
长向前敬礼. 所以我也照做了. 这时
大家才明白. 我们每次大队(全连)集合
时, (有时开大会有时出去看电影, 有时全连出操)
每排站好队报好数之后排长要向连
长报告实到人数. 这位同志是近视眼又不.

……听听：上次上操喊错了口令的那位同志，他的算术比你们的成绩还不如。有次问他一个问题，他想了好久也答不出。有个同志问他猪圈里有十个猪头，四十只猪脚，问共有多少猪？他想了好久说："啊呀！这真弄不清，四十只脚，或有没头的猪？？？"越想越胡塗（糊涂）。别人又问："一百支（只）脚，二十五个头，共有多少猪？"他愁眉着急说："啊呀！……

原件尺寸　20 cm × 13.6 cm

写作时间　1970年冬

发信地点　河北省邯郸市磁县东城村

听之：上次上操喊错了口令
的那位同志，他的算术比你们
的成绩还不如，有次问他一个问
题，他

想了好久也答不出，有个同志问他
猪圈里有十个猪头，四十隻猪脚，
问共有多少猪？他想了好久说："
啊呀！这真弄不清，四十隻脚，或有
没头的猪？？？"越想越胡塗。别人
又问，"一百支脚，二十五个头，共有
多少猪？"他愁眉着急说："啊呀！

小梅
海平
：好久没有收到你们的信，我想你们一定因为太忙吧。

　　我们伙房前面是一个农村小学，为了适合农村情况，这个小学和城市里的小学有些不同，学生可以带着弟妹来上课，这样又可以帮妈妈带领弟妹，又不误功课。老师抱着孩子讲课，这样既可以喂奶，又不误讲课。我因为去伙房帮厨，常听到老师讲课。学生们都很认真听，一个（各）个都很勇敢地站起来回答老师的问题。有次听到老师上算术课，老师问："九加十八等于几？"大家齐声回答："等于二十七！"老师又问一个学生说："你说回答的对吗？"这个学生站起来回答说："对！九加十八等于五十七。"老师叫这个

原件尺寸　23 cm × 16.7 cm
写作时间　1971年3月21日
发信地点　河北省邯郸市磁县东城村

小梅
海平： 好久没有收到你们的信，我想你们一定
因为太忙吧。

　　我们伙房前面是一个农村小学。为了适合农
村情况，这个小学和城市里的小学有些不同：
学生可以带着弟妹来上课，这样又可以帮妈妈
带领弟妹，又不误功课。老师抱着孩子讲
课，这样既可以喂奶，又不误讲课。我因
为去伙房
帮厨，常
听到老
师讲课。
学生们都很认真听，一个个都很勇敢地
站起来回答老师的问题。有次听到老
师上算术课。老师问："九加十八等于几？"大
家齐声回答："等于二十七！"。老师又问一个学生
说："你说回答的对吗？"
这个学生站起来
回答说："对！九加十八等于五十七。"老师叫这个

学生坐下，接着又问大家他回答的对吗？大家又齐声回答说不对！老师又说："要自己算算真的认为对就回答对，不要随声跟着大家说，知道就说知道，不知道就说不知道，不要哄老师……"你们的同学有没有哄老师的？

　　毛主席教导我们要"勤俭建国"，"厉行节约"（语录160页）。又教导我们说："自力更生，艰苦奋斗。"（语录166页）这个小学的学生都照毛主席的教导做了，他们教室的课桌、坐凳都是自己搬砖运土，自己动手砌起来的。他们还自己修好了校门前一座大墙。他们这种热爱劳动的精神是值得我们学习的。

　　　　　　　　　　　　　　　　　其香　1971.3.21

原件尺寸　23.6 cm × 16.7 cm
写作时间　1971年3月21日
发信地点　河北省邯郸市磁县东城村

学生坐下,接着又问大家他回答的对吗?大家又齐声回答说不对!老师又说:"要自己算、真的认为对就回答对,不要随声跟着大家说,知道就说知道,不知道就说不知道,不要哄老师…"你们的同学有没有哄老师的?

　　毛主席教导我们要"勤俭建国""厉行节约"(语录160页)又教导我们说:"自力更生,艰苦奋斗"(语录166页)这个小学的学生都照毛主席的教导做了。他们教室的课桌坐凳都是自己搬砖运土、自己动手砌起来的。他们还自己修好了校门前一座大墙。墙。他们这种热爱劳动的精神是值得我们学习的。

爸爸 1971.3.12

宗其香家书 [六六]

……争取做五好战士。小弟帮姥姥扫院子，还有你（写）的字比我还整齐，看到你们这些进步真高（兴），我一定要向你们学习。

春天来了，田地里的活逐渐多了，要平整（地、）施肥、下种、浇水……现在村外地里一（片）绿，这是麦苗，长得非常好。还有一片片黄色（油）菜花，微风吹来闻到清香。大小水渠都（灌）满了水，低洼的芦苇地，已经变成池塘，（鱼、）泥鳅都又活动起来了……我们出操时，社（员已经）下地劳动。村里的小朋友有的背着筐拾粪，好（给）地里多上点肥，使庄稼长得更壮。拾过（粪，）他们才背起书包上学。

有天早上，我们去大田（里）挖排水沟，出发时有（雾，）越走雾越大，农村野地看雾，真有意思。（它们）沿着地面飘动，慢慢升起，在地里

原件尺寸　22 cm × 16.2 cm

写作时间　1971年春

发信地点　河北省邯郸市磁县东城村

争取做五好战士。小弟帮娘扫院子。还有你们的字比我还整齐。看到你们这些进步真高兴。我一定要向你们学习。

春天来了。田地里的活逐渐多了。要平整施肥、下种、浇水……现在村外地里一绿，这是麦苗，长得非常好。还有一片黄色菜花，微风吹来清香扑鼻。大小水渠都满了水。低洼的芦苇地已经变成池塘，泥鳅都又活动起来了……他们出操时社员下地劳动，村里的小朋友有的挎着筐拾粪。好往地里多上点肥，使庄稼长得更壮。拾过也们才挎起书包上学。

有天早晨，我们去大田里挖排水沟。出发时有越走雾越大。农村野地看雾，真有意思。沿着地面飘动，慢慢升起，在地里

（劳动）的人只看到上半身，地里的肥堆、土堆，也只显出一个头，真象（像）神话里仙人在云中活动。

我们在挖沟时，常常挖出泥鳅来。有时不小心，（把）泥鳅切断了。原来泥鳅在土里过冬，现在天气（还）不太热，田地里还没有水，它们还没有钻（出）土。所以我们挖泥时不知道下面有泥鳅。后来知道它们住处，看见土上有个小圆洞时就小（心）挖，它们常常住在离地面一尺多深的小洞（里）。有时挖出来又找不到了。（原）来它在松土里也象（像）在水里差不多，钻起来很快，尤其是在（松）湿的土里一转眼就钻走了。

你们知道大米饭好吃吧，大米是稻子去了（壳）得来的。种稻子比种麦子还要花更（多）劳动……

原件尺寸　22.3 cm × 16.7 cm

写作时间　1971年春

发信地点　河北省邯郸市磁县东城村

动的人只看到上半身，地里的肥堆，土堆也露出一个头，真象神话里仙人在云中活动。

我们在挖溝时，常z挖出泥鳅来，有时不小心把泥鳅切断了。原来泥鳅在土里过冬，现在天气不太热，田地里还没有水，所以它们还没有鑽上。所以我们挖泥时不知道下面有没有泥鳅，来知道它们住处。看见土上有个小圆洞时就小心挖，它们常z住在离地面一尺多深的小洞，有时挖出来又找不到了。来它在松土里也象在水里差不多。鑽起来很快，尤其是在潮湿的土里一转眼就鑽走了。

你们知道大米饭好吃吧，大米是稻子去了壳得来的，种稻子比种麦子还要花更多功夫

　　……你真是小弟的好姐姐，他有一点进步就使你那么高兴，对他那么关心。小弟的进步，当然主要靠他自己努力，但别人的帮助也是重要的。所以小弟的进步与你这个好姐姐的时常关心帮助分不开的。毛主席在《为人民服务》一文中教导我们要"互相关心，互相爱护，互相帮助"。你能够认真照办，你真是毛主席的红小兵。中国有句老话叫做："世上无难事，只怕有心人。"就是说……

原件尺寸　19 cm × 16.5 cm

写作时间　1971年春

发信地点　河北省邯郸市磁县东城村

你真是小弟的好姐之．他有一点进步就使你那么高兴，对他那么关心。小弟的进步当然主要靠他自己努力．但别人的帮助也是重要的．所以小弟的进步与你这个好姐之的时常关心帮助分不开的．毛主席在《为人民服务》一文中教导我们要"互相关心，互相爱护，互相帮助．"你能够认真照办，你真是毛主席的红小兵。

中国有句老话 四

做："世上无又佳事，只怕有心人．"就是说，

……处红旗飘扬，一个（各）个干劲冲天，真是动人。正是毛主席教导说的："农村是一个广阔的天地，在那里是可以大有作为的"（毛泽东思想胜利万岁本，第234页）。

在南方，因为河流多，到郊外去可以看到很多利用风力推动的帆船。这几天在莱地劳动时风很大，有一次一抬头看到远处也有些风帆移动。北方河流少，我们这里虽然水渠不少，但因水急底浅而且也不是四季都有水，所以水渠里没有船。那么怎……

原件尺寸　23.3 cm × 17.2 cm

写作时间　1971年4月25日

发信地点　河北省邯郸市磁县东城村

处红旗飘扬，一个个干劲冲天，真是动人。正是毛主席

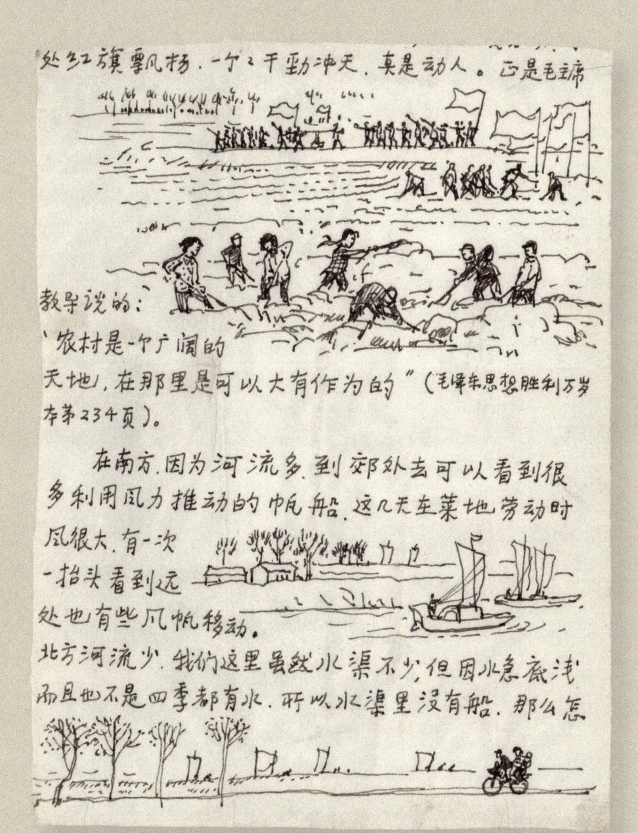

教导说的：

"农村是一个广阔的
天地，在那里是可以大有作为的"（毛泽东思想胜利万岁
本第234页）。

在南方，因为河流多，到郊外去可以看到很
多利用风力推动的帆船。这几天在菜地劳动时
风很大，有一次
一抬头看到远
处也有些风帆移动。
北方河流少，我们这里虽然水渠不少，但因水急底浅，
而且也不是四季都有水，所以水渠里没有船。那么怎

……插上竿，展起一块布，就可以象（像）河里帆船一样，借助风力推动。这样子拉起来就省力些，这是劳动人民的创造。

八姨（八姨为宗其香妻子武平梅最小的妹妹，名为武素梅，排行老八。1966届高中毕业生，1968年—1975年上山下乡，在海南岛广州军区生产建设兵团农垦劳动）回来了吗？回来时写封信告诉我，她们那里有什么有意思的事？听妈妈说上星期天你们到动物园去玩，因为天气热，动物都睡觉懒得动。八姨那里天气更热，问问她那里的动物是不是都懒得动呢？

下次再写吧，希望常常读到你们的信。

爸爸 4月25日

原件尺寸　23.7 cm × 17.8 cm
写作时间　1971年4月25日
发信地点　河北省邯郸市磁县东城村

插上竿,展　　　起一块布,就可以象河里帆船
一样,借　　　　　　助风力推动,这
样子　　　　　　　拉起来就省力些.
这是　　　　　　　劳动人民的创造.

　　八姨回来了吗？回来时写封信告诉我,她们那里有什么有意思的事？听妈妈说上星期天你们到动物园去玩,因为天气热,动物都睡觉懒得动.八姨那里天气更热,问2她那里的动物是不是都懒得动呢？

　　下次再写吧,

希望常2

读到

你们

的信.

爸2 4月25日

……才知道说些什么，有一次开教学研究会，会议中途忽然拍桌站起来激动地说："我不能容忍！"大家很奇怪？后来才明白他看错了笔记，旁边同志无意翻开了一次斗争会的笔记。

黑妮（黑妮为黄永玉之女黄黑妮，宗其香邻居。时住东城区京新巷4号，中央美术学院宿舍）姐姐下来看她爸爸，并同她爸爸下菜地劳动，听说她回来说她爸"长矮"了，我想你们如来看我时也会感到我也长矮了，为什么？

爸爸　4月25值夜再写。

原件尺寸　23 cm × 17.5 cm

写作时间　1971年4月25日

发信地点　河北省邯郸市磁县东城村

不知道忧芒什么，月一次廾教字研究
会、会议中途忽然拍桌站起来激动
地说：

"我不能
容忍！"
大家很奇
怪？后来
才明白他看
错了筀记，旁边同志无意番翻开了一次斗争
会的筀记。

黑妮姐
下来看她
爸，并同她
爸下菜地

劳动。听说她回来说她爸"长矮"了，我
想你们如来看我时也会悉到我也长
矮了，为什么？　　　爸 4月25值夜再写。

……生的劳动上一次给你们写了一点。在家里，也是不停手。我看到的有拾肥，打猪草，帮妈妈带弟弟妹妹，做鞋，洗衣，担水（小桶），放羊，喂猪，洗菜，做饭，扫地，擦窗，编席，纺线……所以他们的生活很……

原件尺寸　23 cm × 17.5 cm

写作时间　1971年5月21日

发信地点　河北省邯郸市磁县东城村

王的劳动上一大给你们写了一点。在家里，也是不停手。我看到的有 拾肥. 打猪草. 帮妈"带弟"妹"，

做鞋. 洗衣. 担水（小桶）. 放羊. 喂猪. 洗菜. 做饭. 扫地. 擦窗. 编帘.

纺线……所以他们的生活很

……当然那些活不是一个小朋友一天都做完那么多，我只是把这家那家，这个小朋友那个小朋友所做的总合起来说的。但是大多是他们自动去做的。我们要学习这种自觉精神。

爸爸　1971年5月21日

原件尺寸　21.5 cm×17.3 cm

写作时间　1971年5月21日

发信地点　河北省邯郸市磁县东城村

们的活动都画出来你们瞧。
当然，那些活不是一个小朋友
一天都做完那么多，我只是把
这家那家，这个小朋友那个小朋
友总所做的总合起来说的。
但是大多是他们自动去做的。
我们要学习这种自觉的精
神。

爸爸 1971年5月21日

……你们最听毛主席的话，我想一定可以慢慢做到能够把更多的事"自己动手"了。

我们吃的、住的、穿的都是劳动人民动手做的。毛主席又教导我们要向劳动人民学习，热爱劳动。

就拿衣、食、住这三件事来说，农民伯伯叔叔阿姨他们种了棉花纺成线，又用自己纺的线织成布，再一针一线做成衣服。

原件尺寸　23.7 cm × 16.2 cm
写作时间　1971年6月2日
发信地点　河北省邯郸市磁县东城村

你们最听毛主席的话，我想一定可以慢慢做到能够把更多的事"自己动手"了。

我们吃的、住的、穿的都是劳动人民动手做的。毛主席又教导我们要向劳动人民学习，热爱劳动。

就拿衣、食、住这三件事来说，农民伯伯、叔叔、阿姨他们种了 棉花纺成线，又用 自己纺的线织成布，再一针一线做成衣服。

食，更不用说了，农民种的主要作物就是粮食，稻、麦、玉米、高粮（粱）……

再说住，在农村，大部分生产队都有自己的砖窑。和泥打土坯，放进窑里烧砖，用来盖房子垒墙。记得曾经告诉过你们，在农村，哪家要盖新房，邻居们都来帮忙。由于大家互相帮助，所以一家盖五间

原件尺寸　22.8 cm × 16 cm

写作时间　1971年6月2日

发信地点　河北省邯郸市磁县东城村

食，更不用说了。农民种的主要作物就是粮食，稻、麦、玉米、高粱……。

再说住，在农村，大部分生产队都有自己的砖窑。和泥打土坯，放进窑里烧砖，

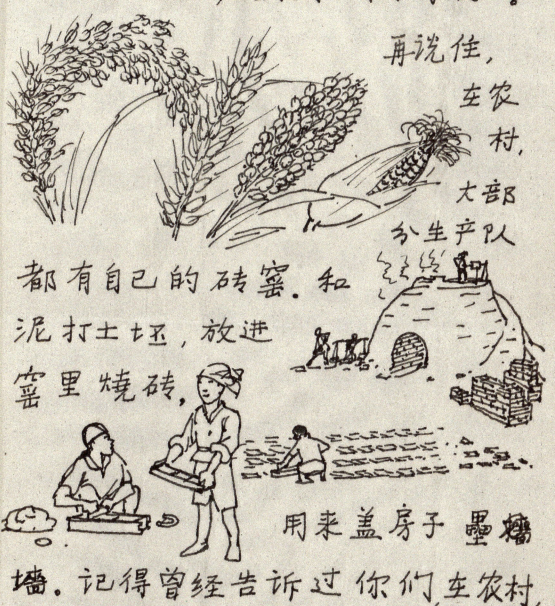

用来盖房子垒墙。记得曾经告诉过你们，在农村，哪家要盖新房，邻居们都来帮忙。由于大家互相帮助，所以一家盖五间

大小的房子只要三天五天就盖成了。

八姨回来没有？有什么好消息告诉我？等着你们来信。

要换班了，下次再给你们写吧。祝你们继续进步请问全家好。

其香　6月2日

凌晨四时

原件尺寸　23.3 cm × 17 cm

写作时间　1971年6月2日

发信地点　河北省邯郸市磁县东城村

大小的房子只要三天五天就盖成了。

　　八姨回来没有？ 有什么好消息告诉我？ 等着你们来信。

　　要换班了，下次再给你们写吧。 祝 你们继续进步请向全家好。

　　　　　　　　其香 6月2日
　　　　　　　　凌晨四时

……练就行。妈妈很爱小鸡，带小鸡们吃饱，跑足了，就带牠（它）们休息、睡觉，每次只休息几分钟，小家伙们又不睡了，一只一只跳出来。老母鸡是怎样带鸡儿子睡觉？你们见过吗？

其香　七月廿二日

原件尺寸　18.8 cm × 13 cm

写作时间　1971年7月22日

发信地点　河北省邯郸市磁县东城村

练就行。妈z很爱小鸡，带小鸡们吃饱，跑足了就带牠们休息、睡觉，每次总休息几分钟，十几人伙们又不睡了，一隻一隻跳出来。老母鸡是怎样带鸡儿子睡觉？你们见过吗。

女雪
七月廿二日

原件尺寸　18.8 cm×13 cm
写作时间　1971年7月22日
发信地点　河北省邯郸市磁县东城村

小梅，海平：

那天来姥姥家看你们以后，第二天早上我就走了。我们上午九点三十五分在北京站上火车，在邯郸（地名，读 ㄏㄢ ㄉㄢ）换车（转车），到磁县车站已是下午六点多钟了。从磁县到我们住的村子还要走十里路，所以到村已经天黑了。

我们一起回来的有三十几个人，每个人随身带的东西有多有少，有背的有挑的，也有手提的。走在路上真不像个队伍。全国人民学解放军，这方面也应学解放军，你们说是不是？

一切事物都是不断地变化发展着，上次我离家时小梅还不会做饭，海平

原件尺寸　22.8 cm × 18 cm

写作时间　1971年夏

发信地点　河北省邯郸市磁县东城村

小梅,海平:

　　那天来姥家看你们以后,第二天早上我就走了。我们上午九点三十五分在北京站上火车,在邯郸(地名,读「ㄏㄢˊ ㄉㄢ」)

换车(转车)。到磁县车站巳是下午六点多钟了。从磁县到我们住的村子还要走十里路,所以到村已经天黑了。

　　我们一起回来的有三十几个人。每个人随身带的东西有多有少:有背的有挑的,也有手提的。

走在路上真不像个队伍。全国人民学解放军,这方面也应学解放军,你们说是不是?

　　一切事物都是不断地变化发展着,上次我离家时小梅还不会做饭,海才上一年级，这次我回家时，姐姐不仅会做饭还会做更多的事。小弟也上二年级了，也懂得很多道理了，你们俩个儿也长高了。这次我离村时，丝瓜才几寸长，现在已有一尺多长了。

我们班上有个王叔叔，喂了两只小麻雀，王叔叔一唤它就来了。有时还带它下地，放在一个地方它便自己玩，自己找小虫吃也不飞走。王叔叔劳动完了，又在原地方把它拿起来带回宿舍。你们想想为什么小麻雀和王叔叔这么熟？等你们来信，望你们……

原件尺寸　23.2 cm × 17.2 cm

写作时间　1971年夏

发信地点　河北省邯郸市磁县东城村

平才上一年级. 这次我回家时, 姐~不仅会做
饭还会更多的事. 小弟也上二年级了. 也懂得
很多道理了. 你们俩个儿也长高了. 这次我
离村回来时.

丝瓜才几寸长,
现在已有一只多长了.

　　我们班上有个王叔~喂了两隻小麻雀.
王叔~一唤它就来了. 有时还带它下地.
放在一个地方它便自己玩. 自己找小虫吃也
不飞走. 王叔~劳动完了. 又在原地方把
它拿起来带回宿舍. 你们　　　想~为什
小麻雀和王叔~这么热?
茅你们来仗.　望你们

（"）……使人落后，我们应当永远记住这个真理（语录204页）。"希望你有了成绩不骄傲，永远虚心听别人的意见，说的（得）对，我们就坚决照办，这样就能永远进步。

我离家回到部队农场后给公社画了三张画，都是照毛主席的诗词意思画的。接着就被调去邯郸布置营房（部队住的房屋叫营房）。在墙上写了不少大字。这种能力，妈妈比我强，我以后回家时将好好向妈妈学习。

可惜你们不能跟我到农村来，现在正是庄稼长得最好的时候，水里的鱼也

原件尺寸　22 cm × 16.6 cm
写作时间　1971年夏
发信地点　河北省邯郸市磁县东城村

便人落后，我们应当永远记住这个真理"
(语录204页）。希望你有了成绩不骄傲，
永远虚心听别人的意见，谈的对，我们就
坚决照办，这样就能永远进步。

　　我离家回到部队农场后给公社画了
三幅画，都是照毛主席的诗词意思画的。
接着就被调去邯郸佈置营房。(部队
住的房屋叫营房）

在墙上写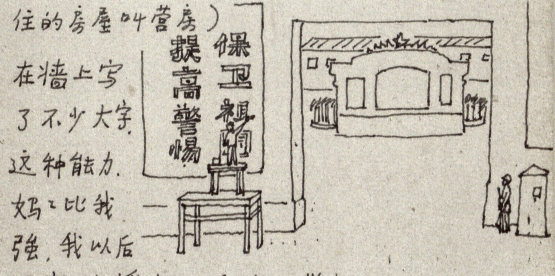
了不少大字.
这种能力,
妈比我
强,我以后
回家时将好向妈学习。

　　可惜你们不能跟我到农村来，现在
正是庄稼长得最好的时候，水里的鱼也

都长大了。回村时，一路上水沟里鱼真多。有一处大水塘，部队同志正在抓大鱼，如果不是我背上行李多，真想下水去捞它一把呢。

新广播操你们学了吗？我们每天早上五点四十就出操，最近我们练新广播操，每早都在打麦场上做。……

原件尺寸　21 cm × 16.8 cm
写作时间　1971年夏
发信地点　河北省邯郸市磁县东城村

都长大了。回村时，一路上水<u>沟</u>里鱼真多。

有一处大水塘，部队同志正在抓大鱼。如果不是我背上行李多，真想下水去捞它一把呢。

　新广播操你们学了吗？我们每天早上五点四十就出操，最近我们练新

广播操，每早都在打麦场上做。

只是直接用脸盆淘就成。

　　　　　　　　　　其香　八月十四日

原件尺寸　18.8 cm × 13 cm
写作时间　1971年8月14日
发信地点　河北省邯郸市磁县东城村

只是直接用脸盆淘就成。

妈妈
八月十四日

……（青）蛙不带救生圈，不但会（游泳）而且会换气。这点让妈（妈讲给）你。我们这里青蛙特（多，有）些蹲在路边草里，人一（走过）都往水里跳，跳下水（后，）有的继续向水中游，有（的游）入深水躲起来。所以我（们队）伍一走过田堤，就听见扑通扑通的跳水声。有（的青）蛙从很高堤上往（水里）跳，牠（它）比最好的跳（水）运（动）员还跳很自如呢！

原件尺寸　23.5 cm×17 cm

写作时间　1971年夏

发信地点　河北省邯郸市磁县东城村

……熟悉它，没有认真练，认真学，所以连小学生可以做的事（有不少小学生也会骑车了）我还不会呢！

说起骑自行车，爸爸讲个自己的故事给你们听。我同小弟那么大的时候，胆子很小，有次我的爸爸带我骑车，把我放在横杆上，本来我就不愿坐上去，后来爸爸骑得越来越快，我真想随时滑下来心里才踏实。可是车子更快了，怎么也没法滑下来。这时爸爸已经感到我有些小动作，一直叫我不要歪，不要动。一刹那车子来到一座石板桥，我决心在没上桥时滑下来，爸爸挡（担）心我滑下来，赶紧用一只手抓

原件尺寸　23.5 cm × 16.4 cm

写作时间　1971年9月19日

发信地点　河北省邯郸市磁县东城村

熟悉它. 没有认真练, 认真学, 所以连小学生可以做的 事 (有不少小学生也会骑车3) 我还不会呢!

说起骑 自行车. 爸2讲讲自己的故事给你们听. 我同小茅那么大的时候, 胆子很小. 有次我的爸2带我骑车. 他把我放在横杆上. 本来我就不愿坐上去. 后来爸2骑得越来越快. 我真想随时滑下来 心里才踏实.

可是车子更快3, 怎么也没法滑下来. 这时爸2已经感到我有些小动作. 一直叫我不要歪. 不要动. 一刹那车子来到一座石板桥. 对我决心在没上桥时滑下来. 爸2担心我滑下来赶紧用一隻手抓住我。他在抓我时车子的方向顿时改变了，这时车子直朝桥边冲去。小石桥没栏杆，于是连人带车一齐飞出桥面掉下河里。幸好河里没水，只有一河的软泥，人虽没跌伤，可是弄得满身污泥。两人面对面哭笑不得的走回去。回想这件事我很难为情，觉得自己不应该那么胆小，那时真是个胆小鬼。妈妈在我那么大年纪时胆子就很大，她象（像）松鼠一样上房上树，六姨（六姨为宗其香妻子武平梅的妹妹，名为武幼梅，排行老六）也一样。

下次再写吧！祝你永远进步！

爸爸　9月19日

原件尺寸　22 cm × 16.7 cm

写作时间　1971年9月19日

发信地点　河北省邯郸市磁县东城村

住我. 他去抓我时车子的方向顿时改
变了. 这时车子真直朝桥边冲去. 小石桥没
栏杆. 于是连人带车一齐飞出桥面掉下河
里. 幸好河里没水. 只有一河的软泥. 人没
受跌   伤. 可是弄得满身污
            泥. 两人面对
            面哭笑不得的
走回去。回想这件事我很难为情. 觉得
自己不应该那么胆小. 那时真是个胆小
鬼. 妈2在我那么大年纪时胆子就很大.
她象松鼠一样上房上樹木树。小姨也一样。
下次再写吧! 祝你永远进步!

爸2 9月19日

……们，现在被他们打得头破血流，四处逃命。欺侮压迫人民的帝国主义和反动派总是没有好下场的。最近在一次战斗中，美帝出动四十架直升飞机，一下子就被打落了三十七架，你说革命人民多么勇敢！毛主席教导说"团结起来，争取更大的胜利"，全世界被压迫人民，团结起来，互相帮助，美帝国主义和一切反动派的彻底灭亡就更快了。

4月2日　爸爸

原件尺寸　23 cm × 16.5 cm
写作时间　1972年4月2日
发信地点　河北省邯郸市磁县东城村

们.现在被他们打得头破血流.四处逃命.欺侮压迫人民的帝国主义和反动派总是没有好下场的.

最近在一次战斗中美帝出动四十架直升飞机.一下子就被打落了三十七架.你说

革命人民多么勇敢!毛主席教导说"团结起来,争取更大的胜利".全世界被压迫人民.团结起来,互相帮助.美帝国主义和一切反动派的彻底天亡就更快了。4月2日爸

梅花真八百苦寒来
其番

亲人的回忆

记忆中的片段

"日落西山红霞飞，战士打靶把营归，胸前红花映彩霞，愉快的歌声满天飞……"革命歌曲雄壮飞扬，学生们斗志昂扬地在即将完成的拉练路上边走边唱。此时并不是傍晚，而是清晨。这是我们学校（朝阳区三里屯二中）的"拉练"队伍，从密云县的墙子路出发折返回学校。

这天一大早天刚蒙蒙亮，同学们已收拾好行装，六点出发完成此次"拉练"最后的行程。上路不久，经过一潭湖水，湖对岸的群山直插云霄。初升的太阳刚刚照到两座山峰上，一座山被染成朱红色，另一座是玫瑰红的，而其他山峰则仍在蓝色阴影中，真是美不胜收。美景从眼前匆匆掠过，作为"伙头军"的我无暇以一个美术工作者的视线多看几眼使我感动的美景。我走在队伍中间，背上背着背包，推着自行车，车筐中放着馒头和咸菜，我负责管理一连战士的伙食（一班学生五十多人）。"文化大革命"中校领导给了我如此重要的任务，我得认真完成。

"复课闹革命"以后，没有教材，各校领导和教师都不知道应该教学生什么。不是念人民日报社论，就是读毛主席语录、"老三篇"和诗词。当得知学校争取到"拉练"试点机会时，师生们异常兴奋，期盼着出发的日子能早点到来。

集合那天，师生们都准时带着行李到达学校各自的班里。学生们的背包打得五花八门，有的就像一个大棉花包。我的背包最小，是按照部队的样式打的——三横两竖（因为我有个当过兵的教练——宗其香）。有个男生看到我的行李问："这是谁的行李？这么小。"我说："是我的，你提一下。""哎哟！这么重。"这样一来引起全班同学的重视，都来让我给他们打行李。这时学校的军代表进教室讲解打背包的要领。于是同学们都重新打行李，我也去帮助那些不得要领的同学打好各自的行李，准备出发。

　　我的任务是这个连的厨师兼后勤。学生们把应缴的钱和粮票交给我，学校发一个副食本，凭本可以买一定数量的碱、小苏打、油等。每天上午我推着自行车跟着队伍一起走，下午则骑车赶到前面驻地的村子跟打前站的老师汇合，打前站的老师已经订好村里的住处，买好了粮食和菜。"伙头军"到达后跟他们进行钱、粮票的交接，之后他们再前往下一站。此时，大部队到达驻地，我给同学们分配住处，以及做饭和吃饭的方式，有时是集体做主食，也就是村里派人做主食分下来，各连自己做菜。有时是集体做菜，自己做主食。我分配好房子，然后各处检查一遍，看到大家都吃上饭了，我再去我所住的小班吃饭。这时同学们已经吃完饭，给我留出一份。饭后算账，把交出去的钱、粮票，及我在副食店买东西的费用，核对清楚，方能睡觉。有时候学生觉得总让我睡凉炕尾过意不去，特意让我睡热炕头，但是等我睡觉时仍然只有凉炕尾能睡得下。

　　这次拉练治好了我的失眠症。在家时，只要床换个地方我就会躺好久也睡不着。现在拉练每天换地方，反倒是倒头便睡，打算几点起床，到点准能醒，即便早醒十分钟，也能再睡十分钟，而且马上睡着，过十分钟准醒。所以，每天早上我都先起床，给学生烧好洗脸水，热好早饭，再叫她们起床。小班长看我太辛苦了，有一天晚上说："明天早上我早起做早饭，你多睡会儿吧。"我说："好，明天早上我叫你。"第二天早上我叫她起床就是叫不醒，只好还是自己起来做早饭。

我的自行车车把前有个车筐，没有后车架。所以我的行李只能背在背上，车筐里放油、盐和咸菜。本来咸菜是发给学生们自己带的，但是有些学生多背一点东西都嫌重，把咸菜扔掉了。吃饭时没有咸菜就来要，所以我只好自己多带一些，谁来要就切一块给他。

一路上走得非常顺利，用了五天时间，平安到达了拉练的终点——密云县墙子路。我们在村子里休整两天。村长找到我说："你们本上的碱是不是没有买？我用本上的一斤白糖跟你换着买。"我一听喜出望外，马上交换。我到村里的副食店买了一斤白糖和一袋豆腐粉。第二天早上煮了一大锅甜豆浆，学生们惊呼这么甜准是放糖精了。在那生活物资匮乏的年代，谁能够享用这么奢侈的食谱呢——一袋豆腐粉加一斤白糖！

我们的拉练就此划上圆满的句号。

每次下乡学农劳动，我都是"伙头军"。我会做饭，管理伙食，能精打细算，在力所能及的情况下让学生们吃饱吃好，在学校教职工里是尽人皆知的。其实我原来并不会做饭，孩子们小的时候用的保姆会做饭，我有时候帮忙打下手，看她炒菜。孩子大点了不用保姆了，我才开始自己做菜，一开始手忙脚乱，丢三落四。有一次请我的同事来家里吃饭，结果主菜少一道工序，没做熟，汤又忘记放盐，真是出丑。不过我还是下决心继续练，也常到学校厨房帮厨，向大师傅学厨艺，慢慢地练成了较好的厨艺。

"文革"初期我们夫妻俩都被关进各自学校的"牛棚"里，两个孩子只好送到我妈家。其香的工资每月只领到二十四元，其中他的生活费十二元，另外给他一个孩子的生活费十二元。他领到工资后送回家十二元，把钱放在抽屉里，把墙上的日历撕到他回家的日子。我的学校也会不定期地放我回家处理家务，我走时再把日历撕到我离家的日子。这样我们互相能知道对方还活着，还能回家，就可稍微安心些。

幸好我的六十二元工资没有被扣，我给我妈四十元作为两个孩子的生活费，我自己留二十二元。除去我的生活费，还有在星期日接孩子回来的开销。孩子一年年长大，衣服小了就接点身长和袖长。实在没办法了只好用窗帘给儿子做了一件罩衫。

到了1975年，学校建立第二课堂。也就是一部分教师带一部分学生到农村去上课，上午上课下午干农活。我的角色依然是"伙头军"——负责做回民菜，其实就是当大伙菜中有肉时，回民菜里有炒鸡蛋。有一天我在抽水机前洗头，发现抽水机抽出的河水中有小鱼小虾，这使我喜出望外。心想弄些小鱼虾给回民学

母子三人天坛合影　1971年夏

生改善伙食。洗完头，赶紧用筛子在出水口接，虽然接到的小鱼虾不太多，但还是每人分得一块美味的炸虾饼，皆大欢喜。当学生们放假只剩下十几个留守老师时，我就动员爱玩的老师一起去田边地头挖野菜、树林里采蘑菇、下河沟摸螺蛳。等到开饭时，大家都吃得很开心，有个新分配来的小老师不吃肉，第一次吃炒螺蛳觉得太好吃了。

　　孩子的内心是敏感脆弱的。所以，不管我在学校受了多大委屈，也不会回家对孩子发脾气。当学校在暑期放了难得的一周假时，我便把孩子们从姥姥家接回来，每天带他们去"八一湖"（现在的玉渊潭公园）玩。当时没有大门，不用买门票。我们带着午饭和饮水，一大早出发，从北京站口坐上大一路公交车，每人一毛钱车票，到军事博物馆站下车，向西北走半站就是八一湖。这里有一大片天然水域，可以游泳。上午到了八一湖，我和小梅先在草丛中找蘑菇，水边摸螺蛳、蛤蜊。吸引海平注意力的则是低飞的蜻蜓和柳树枝丫间高亢的蝉鸣。气温升高以后我们就去游泳，午餐后再游一会儿，玩累了才回家。

快乐的出行，既锻炼了孩子的体魄，又使他们忘记蒙在心头的阴霾，给孩子们减压的同时，我自己的压力也自然减轻了不少。

与此同时，我们三人都有个相同的期盼——那就是远方亲人的家信，一件乡间趣事就能让我们快乐好一阵子呢！

2016年1月　武平梅

亲人的回忆 〔一二七〕

并不遥远的回忆

看了辗转保留至今的宗先生（我的二姐夫）在"文革"期间去干校时写的部分家书，勾起我许多往事回忆。

"文革"开始不久，二姐和二姐夫就分别去了干校，家中的两个孩子无人照看，只好送到我妈妈那里。小梅进了小学，海平则在八机部幼儿园整托，周六下午和周一早晨的接送任务就落在了我（宗先生给孩子们的信中所说的八姨）的肩上。但不久以后，1968年秋天，我便去了广州军区生产建设兵团（即海南岛），接送海平的任务又交给了当时尚未分配工作的我的堂兄。

1971年夏，我第一次回京探亲时，海平已经是二年级的小学生了。在家里我饶有兴致地看了姐夫的不少家信，干校生活的艰苦自不必说，但姐夫给孩子们的信中却无一丝一毫的怨气，字里行间满满的情趣与幽默，再配上那些随手画在纸上的令人忍俊不禁的各式漫画，看得我常常捧腹大笑，生活中的种种磨难就这样被他轻松化解掉了。

其他家人都在原单位，只有我上山下乡去了生活环境极其艰苦的海南岛。所以姐夫在信中几次问起我的情况，夏天北方尚且炎热，不知身处海南的我如何度过酷热而漫长的夏季。

姐夫一生中热爱自然，贴近自然，大江南北，西南边陲，他都要亲自体验，深入采风，细微观察。因此，他的画作中也充满了对祖国山河的热爱与激情。

武素梅在海南岛　1972年冬

　　我到了海南以后，看到了以前从未见过的各种大大小小、千奇百怪的动物，惊奇地发现这里的四五寸长的大蜈蚣和大个的蝎子，竟与以前姐夫用橡皮泥捏的几乎一模一样，当年我还曾疑惑哪儿有这么大而鲜艳的大蜈蚣。姐夫的手极其巧，他用孔雀羽毛的杆儿搭建成白色的十分漂亮的傣族竹楼，令我过目难忘，如能保存至今绝对称得上是一件精巧的工艺品。

　　我刚到海南时，春天看到许多个头极大、翅膀上满是闪着蓝、绿色荧光的凤蝶。从未见过这么美丽的蝴蝶，兴奋之极，轻而易举便捉到两只，小心翼翼地夹在书中，准备回家探亲时送给姐夫一只，他一定喜欢。但是，我却犯了一个无法弥补的错误，我把两只美丽无比的蝴蝶分别用从北京带去的细而薄的绵纸仔细压好，夹在书中，结果可想而知。几天后打开书再看，蝴蝶翅膀上漂亮的荧光粉已被绵纸吸收殆尽，美丽的翅膀变成了两片灰暗的枯叶。当时想，不要紧，明年再逮几只。第二年春天已极少见到，更别说逮住了。到了第三年已经完全绝迹，再也没有了凤蝶飞舞的美丽景象。我想，这是因为在橡胶园中大量抛撒化肥农药，污染了环境，美丽的凤蝶没有超强的耐受力，终于"断子绝孙"了。但更多的物种却具有顽强的生命力，在橡胶林中经常会发现稀奇古怪的小动物，如：形态极像树叶且颜色也随着树叶改变的树蛙，如果你不小心触动了一片"树叶"，它会突然跃起，蹦上树干，仔细看却是有四条腿类似青蛙的东西，背上却有叶脉似的纹路。还有一种竹节虫，猛一看与树枝无异，再一碰却会动，身上的颜色也随季节变绿变黄，模样有点儿像北方的"挂大扁儿"（蝗虫的一种），各类有毒蛇无毒蛇、大小蜥蜴、穿山甲、山鸡等，更是经常会遇见。海南的动物很奇怪，饲养的体型比北方要小，如鸡、鸭、牛、羊、猪等，野生的动物则个头很大，当地百姓生活的风俗习惯也与北方有较大差异。难怪驻岛海军战士中流传的顺口溜："海南岛十八怪，一条蚂蝗当腰带，三个蚊子一盘菜，四个老鼠一麻袋，拿着草帽当锅盖，老太太爬树比猴快……"虽说夸张了点儿，但稻田里成群结队的草绿色蚂蝗的确有半尺长，而且下地干活时，一旦叮在你腿上揪都揪不下了，得用镰刀顺腿刮！

姐夫可能很想去海南看一看，住一住，近距离感受一下海南美丽的热带风光，了解那里的风土人情，民俗农舍，观察那里辛勤劳作的普通百姓，甚至也想了解我们每天凌晨两点就头顶胶灯跨进漆黑的橡胶林里割胶的详情。看一看我们居住的能挡雨并不遮风的简陋的茅草屋。床上桌上经常有像北方土鳖般大小的蟑螂爬来爬去，床板下会长出蘑菇，每天晚上头顶上的木梁上都有若干只大老鼠跳

武素梅在海南岛 1972年冬

舞，蚊帐外无数只蚊子都想钻进来叮你一口，一不留神成群结队的蚂蚁就会沿着挂蚊帐的铁丝爬进你搭在上面的衣服口袋里觅食。如果换成姐夫，他一定会画出许许多多既有趣又带着些许辛酸与幽默的漫画，可惜，我没这本事。

但是海南岛一直是军事管辖区，不能随便进出。我们探家，都要上级兵团批准，发下通行证，才能凭此证购买进出海南的船票。直到改革开放以后，海南岛才成为海南省，成为所有人想去就能去的旅游胜地。但海南成为自由进出之地时，姐夫的年龄、身体状况都已不允许他乘飞机或坐船前往，也许这成为了他最后的遗憾？！

2016年2月　武素梅

儿时的快乐往事

今天，重读了小时候爸爸从干校给我们写的信，五味杂陈，百感交集。看着已经泛黄了的信纸上，那些为了让读小学的我们能看懂的一笔一画，以及那些重新改写成的简体字，特别是他在每封信里都会流露出的，盼着能多看到我们来信的期望……心里真有些不是滋味。我无论如何也想不起来，那时候，有多久才给爸爸写一封信，也记不得信里都说了些什么。但有一点可以肯定的是——没有爸爸的信那么好玩有意思。可能是因为当时年纪太小，所以，只有我们觉得有趣的事才能记住吧。

记得小时候爸爸给我们做过电动船。可不是现在市场上卖的那种船模，而是照着画报上的图片自己做的。船身和甲板用三合板，船楼和驾驶台用轻薄的赛璐珞片。胶水则是用乒乓球剪成碎块泡在香蕉水里制成的，最后用油漆涂装。

那一次，爸爸一共做了两艘，长约尺余，一船一舰。船上安装有马达（马达是爸爸跑了好几家店，最后在东单委托商店淘到的宝贝）和电池，还有压仓用的配重铁片。开关在船头，尾舵是可调的，定好角度，发动马达，它就可以绕圈航行了。我们还正式为它们命了名，客船叫"六一号"，红白相间，漂亮之极。军舰叫"八一号"，灰色涂装，前后炮台。船身上绘有"八一"字样及红色五角星。那是小弟的挚爱！

舰船做好后，爸爸带着我和小弟，把家里的大澡盆抬到院子里，放满水，舰船调好压仓配重一试，吃水刚刚好，我们那叫一个高兴，就盼着什么时候

全家于八达岭合影　1969 年十一

首航了！

那是暑假的一个周末，我们全家出动，乘坐大一路公交车直到军事博物馆下车，一路向北，奔向爸爸早就选好的八一湖畔。不巧，一个年轻的男老师和一群比我大的小学生也去了那里，带着一艘华丽的大型船模，正准备下水。那是一艘三桅帆船，船身、桅杆和风帆一水白色，超级豪华！

我们只好在一边看着，等着。到现在我还清楚的记得，那个手捧大船穿着海魂衫的男孩和他那得意的眼神！

当时，我的确有些自卑。想想也是，一边明显属于有组织、有领导的课外船模小组，而另一边则只是一个有俩小屁孩儿的四口之家。优势在哪边不言而喻。

大概是一切准备就绪了，老师让海魂衫男孩把船放进了水里，准备起航！

宗小梅在邯郸探亲　1972年1月

　　绿色的湖水，白色的帆船，一抹亮丽掠过静静的水面，留下一缕晶莹的浪花。
那将是一幅多么撩人的景象啊！我远远地注视着，怀着一丝羡慕，也有一些嫉
妒。只见那华丽的帆船缓缓离港，徐徐驶出。正在为他们高兴，不料船行至两
三米远时，竟一个侧翻旋即转换为下潜模式。老师手疾眼快，三步并作两步冲
过去把船捞了上来。一切都发生得那么突然，好在湖边的水还不深，老师仅湿
了裤腿。就在他们手忙脚乱的时候，默默地，爸爸带着我和小弟来到湖边。调
好"八一号"的尾舵，打开开关，放到水里，军舰突突突地驶向湖心，画了一
个漂亮的圆圈后回到原地。爸爸把"八一号"收回，操控"六一号"下水，也
顺利完成了首航。那几个学生和他们的老师面面相觑，似乎都看傻了眼。爸爸
则又默默地带着我们把舰船擦干、收好。打道回府时，每个人的脸上都挂满了
成功的喜悦。

　　那年我七岁。

遗憾的是胜利首航之后，我和小弟以及舰船，也失去了再次乘风破浪的机会。

　　算是写给爸爸的又一封信吧。我知道，我想说的爸爸懂得。

2017年初春　宗小梅

宗小梅同学的三好学生奖状

记忆深处

　　小学三年级的寒假是在极度兴奋中盼来的，因为妈妈要带姐姐和我坐火车去探望在外地下放劳动的爸爸。当时爸爸被调到所在部队的师部画画，去之前爸爸来信嘱咐妈妈带些过年的礼物，好在过年的时候分给小战士们。并且强调不要带太多衣服，因为那里不冷，他可以在晴朗的午后在院子里擦身子。

　　遵照爸爸的吩咐，在出发之前妈妈带着姐姐和我去王府井百货大楼买了好多什锦奶糖。回到家收拾好行李，我们早早的就上床准备睡觉了。可是一想到马上就要见到久别的爸爸，还要坐火车去一个很遥远的地方，我和姐姐都激动得睡不着（以前我们只和爸爸妈妈坐火车去过八达岭长城）。

　　列车徐徐地出了北京站，在一片白茫茫的原野上不紧不慢地跑着，秃光光的大杨树在车窗外刷刷地向后飘去，我的心早已飞向远方，盼着能快点到爸爸身边。当单调乏味的旅程取代了兴奋和新奇后，我躺在妈妈怀里睡着了。等我醒来时发现火车已经到站了，我赶快趴在车窗上在人头攒动的站台上寻找着爸爸的身影。没有看到爸爸却得知我们才到邯郸，还要换一趟车才能到磁县，于是我们下车跟着人群去找到磁县的车。到了站台上才发现这是拉货的闷罐子车厢，整个车厢只有两个很小的窗户，昏暗的车厢里没有座位，弥漫着浓重的马尿味，大概刚刚拉过牲畜吧。我心里琢磨着：爸爸的信中好像没提这段啊？我和姐姐依偎在妈妈身边，咣当咣当地再次上路。

　　好在接下来的路途不算长，等停车开门时大家都舒了一口气，总算到了。没有站台，车就停在铁轨上，每个车厢都搭出两块长长的跳板，旅客们踩着跳板鱼贯而出。哈哈——爸爸在路边等着我们呢，依旧挂着慈祥的笑，我和姐姐马上扑到爸爸怀里，欢快地大声叫着："爸爸、爸爸！"我们又团聚了。

相聚的喜悦冲淡了旅途的疲劳，一路有说有笑地回到了驻地。等到晚上要睡觉时新的问题出现了，这里不像爸爸信里说的那么暖和，比北京要冷很多，我们住的又是一间好久没有人住的空房子，现生的火，屋子一直热不起来。我们

宗其香在邯郸　1972 年 1 月

把能盖的都当被子盖上了，还是不暖和。后来才发现原因，那是因为爸爸多年的高血压在作怪，他对温度的感觉和血压正常的人是不一样的。当时爸爸觉得在干校劳动，呼吸乡下的新鲜空气，就可以使多年的老毛病不治而愈，结果一直没吃降压药，以至于在我们去之前的12月18日血压高到160～230，所以他才会感觉不到冷。

接下来的日子是短暂快乐的，战士们喜欢跟我开玩笑，总是有人来问我

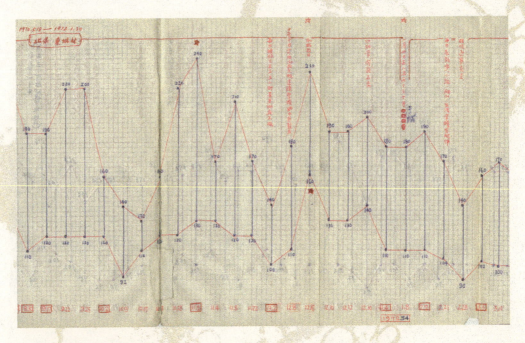

宗其香自制的血压观测表

宗其香同事为宗海平画的油画肖像
1972 年 1 月

几岁了，每次我都是同样的回答：九岁半。然后问的人笑着走开了。可我当时真的觉得九岁和十岁之间一定是九岁半。爸爸的一位同事在闲暇之余还为我画了一张像，当时在干校所有人画画都是被限制的，而且还不能署名，所以画上只有我自己的签名而没有作者的落款，等我长大后，也没有想着去美院寻访画作的作者到底是谁。但是这张画像我却一直珍藏至今，谢谢您——我的好叔叔！

每天我们去食堂吃饭时会路过村边的几棵大杨树，树上总是落满了麻雀，我后悔没有带着弹弓子，只好徒手做出打弹弓状，树上的麻雀见状就"哄"的一下飞得无影无踪了，要过好久才再飞回来。爸爸妈妈都觉得很神奇，他们也来试一试，各自照我的样子也来比划一下，可是麻雀却都无动于衷，在树上落得踏踏实实的，反复试过几次，麻雀们都没有上当，他俩百思不得其解，剩下得意的我在那里美得冒泡。难道麻雀真的知道杀手只有一个吗？

返城的日子很快就来了，爸爸送我们去车站，一路上依然是有说有笑，

母子三人在磁县　1972 年 1 月

没有分别的悲伤，因为我们是乖孩子，因为我们经历了太多次的分别，因为我们知道生活就该是这样。我们互道珍重，大人和孩子脸上都挂着灿烂的笑，山间小路的雪地上只留下两大两小四行脚印，而美好的回忆却藏在各自的内心深处。

2007年9月　宗海平

七十年代部分作品

作品名称　金沙水拍云崖暖

原件尺寸　69 cm × 139 cm

创作时间　1972年

创作地点　河北省邯郸市磁县1584部队农场

作品名称 春风杨柳万千条

原件尺寸 68.5 cm × 139 cm

创作时间 1972年

创作地点 河北省邯郸市磁县1584部队农场

作品名称　一桥飞架南北

原件尺寸　70 cm × 138.5 cm

创作时间　1972年

创作地点　河北省邯郸市磁县1584部队农场

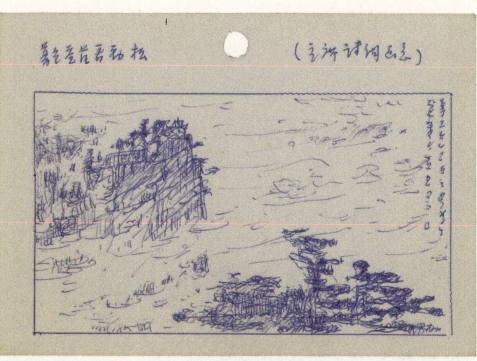

①

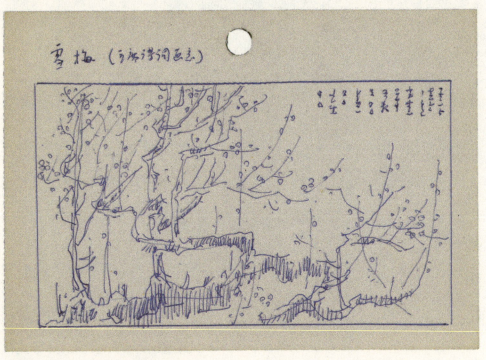

②

①—⑥作品名称　构图稿

原件尺寸　10.5 cm × 15 cm

创作时间　1972年

创作地点　河北省邯郸市磁县1584部队农场

柳柳春风　　　　　　　　　　　　（三月桃河西岸）

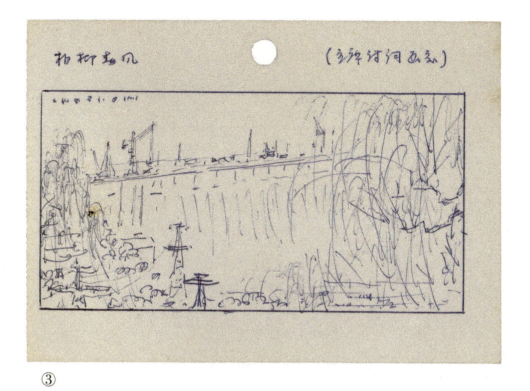

③

长江大桥

④

⑤

⑥

出版物名称 贺年卡宗其香绘（上） 年历卡宗其香绘（下）

原件尺寸 12.2 cm × 34.2 cm（上） 6.8 cm × 9.6 cm（下）

出版时间 1972年

出版单位 北京荣宝斋

作品名称　不用人夸好颜色

原件尺寸　49.5 cm × 70 cm

创作时间　1973年

创作地点　北京

作品名称 料峭风寒

原件尺寸 109 cm × 86 cm

创作时间 1974年

创作地点 北京

作品名称　日日移床趁下风

原件尺寸　89.5 cm × 69 cm

创作时间　1975年

创作地点　北京

作品名称 友人羡我槐荫书屋

原件尺寸 42 cm × 31 cm

创作时间 1975年

创作地点 北京

宗其香年表

1917　丁巳

◎12月出生于江苏省南京市。

1918　戊午　1岁

◎母亲去世。随父亲及太祖母、三祖母生活。

1922　壬戌　5岁

◎父再婚生子，随父住鸭子塘。

1923　癸亥　6岁

◎在父亲指导下为人画像、画南画。

1929　己巳　12岁

◎进求实私塾读书。

1931　辛未　14岁

◎进仓顶小学读高小。

1933　癸酉　16岁

◎高小毕业后，进斯为美工艺礼品店学徒。

◎作品入选南京"全国美术展览"。

◎加入中华美术学会。

1934　甲戌　17岁

◎作品《双鱼》《白孔雀》参加"温哥华纪念开埠中国画展"。售画所得
二百银元悉数捐献赈灾。

1935　乙亥　18岁

◎中国画作品《云山图》《巫山十二峰》入选南京"全国美术展览"，并被国民政府主席林森选购。

◎作中国画《云山图》《仿吴仲圭水林幽居图》。

◎入1935年沪版《中国名人大辞典》。

1937　丁丑　20岁

◎与两名师傅合开真美礼品店，成股东。

◎结识陈之佛、高希舜。

◎冬，抗战爆发，随郑润身一家逃难至九江。

1938　戊寅　21岁

◎4月，至武昌，考入"战时工作干部训练团"。

◎秋，武汉吃紧，战干团西撤沅陵。

1939　己卯　22岁

◎春，沅陵吃紧，战干团西撤綦江。

◎作中国画《风雨同舟》。

◎9月，考入中央大学艺术专修科。

◎作水彩画《重庆被日军轰炸后》。

1940　庚辰　23岁

◎在中大读书，校址柏溪。

◎做山水木刻尝试。

1941　辛巳　24岁

◎作水彩画夜景。与徐悲鸿通信求教。

1942　壬午　25岁

◎中大艺术专修科迁至沙坪坝。

◎出版《其香画集：山水木刻》（第一集）。

◎创作《褪了色的粉红色》。

◎夏，徐悲鸿先生回国。

◎作中国画《母与子》《秋风里》《坡》。

◎用中国画材料临德国铜版画。

◎中大艺术专修科（三年制）改为艺术系（四年制）。

1943　癸未　26岁

◎借故留级一年。

◎宗其香"重庆夜景专题展"在沙坪坝举办。

◎捐赠画作数十幅，支持教育家陶行知办学。

◎作中国画《嘉陵江上》《生活的乐章》《石膏儿童像》《两路口之夜》《蜀山图》《风雨同舟》等。

1944　甲申　27岁

◎中大艺术系毕业。被聘为中国美术学院助理研究员。

◎与重庆进步英华周刊社社长蒋凤征合编出版《抗建宣传壁画》，徐悲鸿作序。

◎作中国画《我的课桌》《山城之夜》《王嫂》《难言》《重庆夜景》等。

1945　乙酉　28岁

◎春，应聘入美军盟军OSS心理作战部，徐悲鸿为其送行，中国美术学院为其保留职位。

◎抗战胜利，返回中国美术学院。

◎作中国画《重大工学院之夜》《嘉陵江船工》《修船》《嘉陵江纤夫》《山城夜色》等。

1946　丙戌　29岁

◎1月，"宗其香画展"在重庆举办。

◎8月，应聘北平艺术专科学校讲师。时住东城区洋溢胡同艺专宿舍。

◎用中国画材料临摹印象派大师作品。

◎作中国画写生《东单的早晨》《金盏花》《芍药》等

1947　丁亥　30岁

◎7月至9月，赴青岛、南京、上海、台湾旅行写生。

◎从台湾回南京后将一路写生作品拍照寄给北平的徐悲鸿先生，徐悲鸿先生特意召开全校师生会，在大礼堂用幻灯机将这些照片放映，用以鼓励师生努力作画。

◎作色彩写生《前门箭楼》《雍和宫》《故宫太和殿》等。

◎作中国画《嘉陵江上》《朱门外》《高山族舞》《M夫人像》《渡口》《苏州河》等。

◎作水彩画《风沙》《青岛栈桥》等。

◎结识生物学教授武兆发。

1948　戊子　31岁

◎7月，"宗其香画展"在台基厂懋隆商行举办，徐悲鸿主持开幕式。

◎8月，移居东城区五老胡同艺专宿舍。

◎9月至10月，奉徐悲鸿先生之命，赴四川接同门学友李斛到北平艺专工作。

◎作中国画《青岛船坞》《山城之夜》等。

1949　己丑　32岁

◎8月，参加中国人民解放军南下，被编入三野政治部任文化教员。

1950　庚寅　33岁

◎作油画组画《淮海战役史画》及大量工、农、兵先进人物速写，并在国内外各主要报刊、杂志发表，在各大美术馆、博物馆展出并被收藏。

◎收集资料，着手创作《不朽的英雄杨根思》。

1951　辛卯　34岁

◎9月，带领部队同行和学生回北京，会同一野、二野、四野的美术同行，在故宫午门城楼上为即将举办的"解放军战绩展览"做筹办工作。

◎北平艺专与华北联大艺术系合并，成立中央美术学院。

1952　壬辰　35岁

◎油画作品《不朽的英雄杨根思》入选"首届全军美术作品展"，并获一
　等奖，荣立三等功。

◎转业。任中央美术学院水彩教研室主任兼调干班导师。移居院内宿舍。

1953　癸巳　36岁

◎冬，接到三野铁道兵的邀请，赴朝鲜前线体验生活，创作反映志愿军铁
　道兵战斗生活的主题画。

◎作中国画《荷塘白鹭》《冬》《双鹅》等。

◎作水彩画《老妇人像》《盖帘上的蔬菜》《学洗衣》《穿红缎衣的女
　人》《农民头像》等。

1954　甲午　37岁

◎寒假期间，赴朝归来。

◎作油画《抢修大同江桥》。

◎与武兆发教授女儿、就读于北京师范大学美术系学生武平梅确立爱情
　关系。

◎作中国画《到天安门去》《晨雾》《长江三峡》《三峡日出》《狮子滩
　瀑布》等。

◎作水彩写生《秋水泊船》《颐和园秋色》《北京东单》《建设中的北京
　展览馆》等。

1955　乙未　38岁

◎7月，与武平梅结婚。

◎调版画系教授彩墨画技法。

◎作《锻钢车间》《出铁》等一批反映工业题材的作品。

◎赴重庆长江造船厂、狮子滩水库工地写生。

◎在水彩课堂上为学生当堂作水彩写生范画《带皮帽的老人头像》《小女

孩头像》《工人全身像》等。

◎作中国画写生《嘉陵江畔》《检修》《水库大坝》《工地假日》《周雪兰》《女船长黄弍梅》《重庆体育场建设中》《长江桥头》等。

1956 丙申 39岁

◎与萧淑芳、李斛举办三人联展，并由中国美协组织全国巡展一年。

◎赴绍兴，画《少年鲁迅》，画鲁迅故居景物及绍兴水乡。

◎作水彩画《国庆焰火》《天安门夜景》《石膏头像》等。

◎作彩墨画《鲁迅故居》《百草园》《绍兴水巷》《绍兴水街》《女人体》《北海打冰》等。

◎作中国画《黄浦江夜景》等。

1957 丁酉 40岁

◎为绘制红军长征中著名的战斗场面《强渡大渡河》，去石棉、大渡河采风，路线：北京—重庆—泸州—宜宾—荥经—花滩—大相岭—汉源—石棉—大渡河口—泸定。

◎为当年摆渡红军勇士渡河的船工兄弟造像，收集素材的同时，乘船渡河亲自体验在汹涌波涛中过河的感受。

◎作中国画《强渡大渡河》《不朽的英雄杨根思》《嘉陵江码头远眺》《成都老南门桥》《夜过南津关》等。

1958 戊戌 41岁

◎赴江阴采风，创作历史画《江阴人民抗清》。

◎5月，赴十三陵水库工地，作彩墨《十三陵水库工地》组画。

◎"袖珍水彩工具"入选美协创造发明展并获奖。

1959 己亥 42岁

◎5月至6月，赴云南采风，路线：北京—柳州—贵阳—昆明—金沙江绞车渡—昆明—保山—芒市—瑞丽—畹町—保山—下关—楚雄—昆明—南宁。

◎7月，再赴云南采风，路线：昆明—中甸—丽江—大理—昆明—思茅—西双版纳。

◎作水彩画《金沙江绞车渡》。

◎作中国画《怒江放木》《出国探亲》《中甸》《玉龙雪山》《苍山脚下》《澜沧江上》《小卜哨》等，以宋人法作《滇西北山水》。

◎8月，赴山东烟台芝罘岛采风，作中国画《出海》等。

1960　庚子　43岁

◎女儿小梅出世。

◎与吴作人、萧淑芳、戴泽等去三门峡采风。

◎作中国画《锁住黄龙》《双鹅》《滇边景色》《边寨道上》等。

◎以中国画笔法临印象派大师高更作品。

1961　辛丑　44岁

◎3月至5月，赴云南采风，路线：北京—昆明—金沙江绞车渡—昆明—大理—丽江—中甸—大理—西双版纳—昆明。

◎作中国画《巧渡金沙江》《美丽的西双版纳》组画，《第十一次过长江三峡》等。

◎大量作品在国内外报刊杂志上发表。

1962　壬寅　45岁

◎1月赴广州，3月赴云南。

◎作中国画写生《广州沙面》。

◎作中国画《珍珠泉》《怒江放木》《苍山脚下》《长江三峡》等。

◎儿子海平出世。

1963　癸卯　46岁

◎任中央美术学院国画系山水科主任。

◎朝花美术出版社出版《水彩画范本》。

◎应解放军画报社约稿，再作中国画《特级英雄杨根思》。

◎3月至5月，带学生赴桂林实习。

◎移居东城区罐儿胡同中央美术学院家属宿舍。

◎作中国画《小镇夜泊》《漓江夜景》《桂林山水》《日长如小年》《桂岭环城如雁荡》《白沙渔火》《秋色尽染青罗带》等。

1964　甲辰　47岁

◎应铁道兵之邀，赴贵州梅花山采风。

◎作中国画《乌蒙磅礴走泥丸》《天生桥铁道兵》等。

1965　乙巳　48岁

◎9月赴河北邢台参加"四清"。

1966　丙午　49岁

◎6月从邢台返京，"文化大革命"开始。遭受"批判""审查"，9月被关进"牛棚"。

1968　戊申　51岁

◎被迫移居十来平米的侧厢房。

1970　庚戌　53岁

◎5月，随中央美术学院全校下放到河北省邯郸市磁县1584部队农场。下放期间军事化管理，出操、政治学习、下田地干农活，不许画画。只能在给妻子儿女的信中画些插图，记录下放生活中的点点滴滴。

1972　壬子　55岁

◎1972年1月，调师部为部队作画，寒假期间妻子平梅携一双儿女到干校探亲，一家四口得以短暂团聚。

◎为部队作中国画《金沙水拍云崖暖》《春风杨柳万千条》《一桥飞架南北》等。

◎5月，回东篦子村继续劳动。

◎12月初，因严重的高血压症回京治疗。

◎荣宝斋出版发行印有宗其香绘制三峡夜景的年历卡片。

1973　癸丑　56岁

◎初春至初秋，调北京饭店作画，半年内完成180余幅。

◎作中国画《虎虎有生气》《旭日东升》《不用人夸好颜色》等。

1974　甲寅　57岁

◎2月，作中国画《料峭风寒》。

◎春节后，参加中央美术学院"批林批孔"学习班。作品多幅入选中央美术学院"反面教材"展。中国画作品《虎虎有生气》《旭日东升》《猫捕蝴蝶》等为北京饭店所画作品入选中国美术馆"黑画展"。

1975　乙卯　58岁

◎作中国画写生《友人羡槐荫书屋》。作中国画《日日移床趁下风》《红梅》。

1976　丙辰　59岁

◎作中国画《荷塘翠鸟》《晴空万里》《妃子华清浴神君》《美丽的西双版纳》等。

1977　丁巳　60岁

◎作水彩写生《初春》《动物园畅观楼》《北京动物园》《北京动物园水禽湖》《动物园后河》《动物园后门外》《颐和园谐趣园》《颐和园后山》《颐和园后湖》等。

◎作中国画《三峡夜航》等。

◎10月赴广西采风。作中国画《旭日劲松》《雨后初晴》《尧山积雪》《高山放牧》等。

1978　戊午　61岁

◎2月至4月，赴广西采风。路线：北京—桂林—柳州—湛江—柳州—凭祥—南宁—北海—防城港—南宁—北京。

◎5月，在北京友谊宾馆"文化部中国画创作组"（中国画研究院前身）画数幅丈二巨作：《金沙江绞车渡》《瀑布》《牡丹》《梅花》《十万大山》等。

◎作中国画《老木未枯春已到》《白梅》《榕湖之夜》《漓江畅游》《飞流直下三千尺》《柳州饭店》《大龙潭》《邕江淫雨》《小镇桥头》《独峰探奇》《凭祥归来》《人间何者非梦幻》等。

1979　己未　62岁

◎落实政策。赴广西采风，路线：北京—南宁—柳州—湛江—柳州—融水—柳州—桂林—南宁。沿途画数本速写，收集了大量创作素材。

◎作中国画写生《杉湖畔》《七星岩畔》《阳朔大榕树》《古渡长虹》等。

◎作中国画《邕江骤雨》《桂林山水久闻风》《雾雨胭脂照松竹》《水岩奇观》《桂西北山区多峻岭》《桂北胜景》《六律山》《漓江渔歌》《贝江放木》《侗寨之夜》《广西龙胜》《漓江夜泊》《登登山路》《桂阳江上石凌空》《松鼠》《牡丹》《江汉夜色》等。

◎10月，"宗其香画展"在桂林举办。

◎11月，"宗其香画展"在武汉举办。

1980　庚申　63岁

◎1月至8月赴广西采风。8月底回京，10月初大病，10月底病情好转再赴广西。

◎作中国画《长江三峡夜景》《漓江夜泊》《赶集归来》《良凤江》《远胜登仙去飞鸾不暇骖》《俏也不争春》《芦笛仙境》《秋水明如镜》《县夸阳朔好》《虎虎有生气》《无量寿佛》等。

1981　辛酉　64岁

◎赴广西、浙江、江苏、上海、北戴河采风。

◎作中国画写生《北戴河东山》《涨潮之晨》《别了吗？罐儿》等。

◎作中国画《桂南观瀑》《榕之露》《泉源》《荔枝三百不如鲜橙一颗》《绿雨月夜》《良凤江幻想曲》《春回大地》等。

◎9月移居团结湖小区。

1982　壬戌　65岁

◎回南京，赠画美龄宫。

◎赴北戴河，作中国画《迎客松》。

◎作中国画写生《北戴河东山》《秦皇岛外》等。

◎作中国画《山雨欲来》《赶集归来》《漓江夜》《德天瀑布》《漓江心影》等。

1983　癸亥　66岁

◎夏，北京写生。作中国画写生数十幅。

◎秋，桂林采风。作中国画写生《花桥》《竹荫小溪》《桃花江一角》《桂林阳江》等。

◎10月，"宗其香画展"在桂林举办。

◎11月，赴湖南采风。作中国画写生《爱晚亭》《桃花源》《张家界雕花床》等。

◎为齐白石纪念馆题词：一世童心真画家。

◎作中国画《贝江放木》《漓江春雨》《漓江夜泊》《合龙之战》《磐溪》《湘西大雪》《张家界》《武陵幽境》等。

1984　甲子　67岁

◎3月，江浙赏梅。

◎7月，赴大港、北戴河采风。

◎9月，赴桂林、上海、南京采风。

◎12月，赴湖南采风。

◎作中国画写生《东山鸽子窝》《七星岩小白屋》《骆驼峰》《桂林新桥》《桃花江下游》等。

◎作中国画《墨痕别种洛阳花》《南京门西新桥》《水上娘家》《丹心似铁》《虎虎有生气》《南国秋香》《清润不立尘》《万斛泉源》《漓江夜泊》《湘西观瀑》等。

1985　乙丑　68岁

◎4月，赴福建武夷山自然保护区采风。

◎6月，赴广东采风。

◎9月，"宗其香画展"在南京举办。

◎作中国画写生《中华门上》。

◎作中国画《自保岁寒姿》《迟开都为让群芳》《在山泉水清》《重庆被
　日军轰炸后》《艺君像》《山城之夜》等。

1986　丙寅　69岁

◎春，南京探梅。

◎秋，率中国画家代表团赴日举办"中国百景图画展"。

◎作中国画《远胜登仙去》《万斛泉源》《富士金秋》《三宝松原》《富
　士初雪》《严冬斗雪开》《满城桃李各嫣然》等。

1987　丁卯　70岁

◎2月至3月，"宗其香画展"在中国美术馆展出。

◎8月，"宗其香画展"在日本举办。

◎10月，随中央美术学院老干部处赴云南。

◎10月底，赴京杭运河采风，作中国画《运河高邮段一角》。

◎作中国画写生《拾枣》《龙庆峡》《波罗村西望岗头村》《圆通寺》
　《华亭寺》《西山三清阁》《翠湖一角》《中山门上》等。

◎作中国画《静波海浴》《清水港之夜》《翠光园望伊豆古城》《云涌乙
　女峰》《翠光园夜宴》《广岛和平纪念馆》《夜过濑户大桥》《晨曦》
　《枕底涛声枕上山》《未暇骖鸾》《两岸晓霞》《怪姿更万端》《谁向长
　空架彩桥》《漓江朝霞》《似共东风别有因》《日照香炉生紫烟》等。

1988　戊辰　71岁

◎春，南京探梅。

◎夏，黄山采风。

◎秋，桂林采风。

◎作中国画写生《桂林西郊》《端礼门》《象鼻山前》等。

◎作中国画《漓江春雨》《小镇夜泊》《松荫观瀑》《黄山烟云》《峡江山城》《数朵欲倾城》《太华风头玉并莲》《一样娉婷》《翠盖佳人》等。

1989　己巳　72岁

◎春，南京赏梅。

◎赴河南嵯峨山采风，作中国画《嵯峨山》。

◎8月，赴黑龙江采风。作中国画《江南一枝春》。

◎冬，"宗其香画展"在台北、高雄举办。台湾出版画册《宗其香画集》。

◎作中国画写生《百合》《菊花花篮》《静物》等。

◎作中国画《南京梅花山归来》《夜江山城》《寺前小集》《愿祖国常青》《韵绝香仍绝》等。

1990　庚午　73岁

◎7月，大病，住北京协和医院，痊愈。

◎11月，赴广西采风。

◎作中国画写生《玫瑰与奇石》《静物》《水仙》等。

◎作中国画《不要人夸好颜色》《万花敢向雪中出》《长江三峡》《漓江夜泊》《千峰直上天》《骤雨访瀑》等。

1991　辛未　74岁

◎赴河南、山东采风。

◎赴桂林，将中国画《远胜登仙去　飞鸾不暇骖》赠桂林市政府。

◎作中国画写生《静物》等。

◎作中国画《江山骤雨》《漓江渔火》《千重岭上雨如悬》《扁藤》等。

1992　壬申　75岁

◎长住桂林。

◎4月，作中国画《漓江新月》，陈列于榕湖饭店总统楼。

◎赴山西参观云冈石窟。

◎山东美术出版社出版《宗其香中国画技法》。

◎捐画五幅给江苏省赈灾义卖。

◎作中国画《夕阳无限好》《清秀奇古惬人心》《仲夏榕荫》《半帆斜日一江风》《小镇夜泊》《美丽的西双版纳》等。

1993　癸酉　76岁

◎长住桂林。

◎作中国画《古榕伴清流》《渔归》《江流天地外》《夜归》《福利小镇》等。

1994　甲戌　77岁

◎长住桂林。

◎作中国画《黎明》《美丽的西双版纳》《瀑布前写生》《雨中看牡丹》《道由白云尽》《清秀奇古惬人心》《在山泉水清》《桂岭环城如雁荡》《桂楫轻舟下粤关》《露欲为霜月随烟》《榕湖夜》《岚霏片片将成雨》《白云深处有我家》《小镇夜泊》《吴头楚尾路如何》《漓江畅游》等。

1995　乙亥　78岁

◎《画家宗其香传》由山东美术出版社出版。

◎3月赴台湾，与战干团老战友陈其铨在台中市省立美术馆举办"陈其铨·宗其香书画联展"。

◎中国画《澜沧江上》赠与台湾省立美术馆。

◎6月，台湾出版《宗其香国画展画集》。

◎作中国画《山泉》《风雨归舟》《白梅》《万峰迴合欲参天》等。

1996　丙子　79岁

◎6月，日本出版《宗其香·杉谷隆志友情画集》。

◎8月、9月，赴南京笔会，与亲朋好友相聚。

◎作中国画《夕阳无限好》《冰崖雪谷木未芽》《洞中泉水》《半山阴雨半山晴》《狂风骤雨》等。

1997 丁丑 80岁

◎长住桂林。

◎5月，与北京部分画家合作大幅山水画《万壑同源》祝贺香港回归。

◎7月，为周总理诞辰一百周年，作中国画《松》。

◎10月，因血压高住血稀研究所中医学校附属医院。

◎12月5日出院。

◎作中国画《红梅》《白梅》《早于桃李晚于梅》《从容三峡》《山静似太古》等。

1998 戊寅 81岁

◎作中国画《白梅》。

◎秋，《巫山云雨》赠中国历史博物馆（现为国家博物馆）。

◎冬，再次住院。

1999 己卯 82岁

◎冬，住医学院附属医院，作心脏起搏器植入手术。

◎12月29日凌晨逝世，享年82岁。

❁ ❁ ❁ ❁ ❁ ❁ ❁

2001年 辛巳 荣宝斋出版社出版《荣宝斋画廊书画家宗其香（专集）》。

2004年 甲申 人民美术出版社出版《中国近现代名家画集·宗其香》。

2005年 乙酉 荣宝斋出版社出版《荣宝斋画谱（172）山水写生部分宗其香绘》。"宗其香画展"在中国美术馆展出。

2007年 丁亥 文物出版社出版《宗其香画集：桂林篇》《纪念宗其香》文集。

"纪念宗其香诞辰90周年———一代宗师宗其香画展（桂林篇）"在桂林美术馆展出。

"宗其香画展暨教学成就展"在中央美术学院美术馆展出。

2008年 戊子 作品《从容三峡》捐荣宝斋举办的（为了汶川·重建家园）赈灾义卖。

2009年 己丑 文物出版社出版《宗其香画集：纪程篇》

"一代宗师宗其香画展（纪程篇）暨部分学生作品展"在桂林美术馆展出。

2013年 癸巳 宗其香夫人武平梅女士率宗其香弟子参加由许昌市文化产业发展委员会主办，河南宇宝钧瓷文化传播有限公司承办的"纪念宗其香先生———教授写生团中原行"写生及艺术交流活动。

2017年 丁酉 张玲先生所著《为画而生：宗其香传》由北京出版社出版。

"岁月留痕·宗其香画北京专题展暨《为画而生：宗其香传》首发式"在北京新闻大厦举办。

宗海平编

后记

书信，古称尺牍，别称书简，亦有书柬、书札等多种称谓。

家书是书信中的一种，俗称家信。顾名思议，家书是写给家人的，属家庭成员间相互往来的信件，是亲人间的挂念。

梳理这些满载真情的家书时总是心头暖暖的，眼前一层薄雾。因为它的书写潇洒，它的表达直接，它的述说生动，它的情感深切。它曾经是相对私密的一种交流方式，从某种意义上来说，它更是成长的纪实，时代的解读。即便或有偏颇，那也是认知上的思辨，历史的反证，因此是最坦诚、最真实的。大诗人杜甫说"家书抵万金"，大概就是这个意思吧。

宗其香先生是我的公公。在他诞辰百周年的日子里，为他举办系列展览，一为纪念他这个人，二为传扬他的艺术。《宗其香家书》的编辑出版，可以帮助我们在充分感知他对亲人的情感和对生活的态度的同时，也更利于我们理解他所崇尚的艺术思想和多彩的创作实践。我不知道该不该感谢成就了这些家书的那个特殊年代，但我知道应该感谢家书的作者和把它们保存下来的家人，感谢为这本家书的出版发行而做出种种努力的亲朋好友们！

2017年4月　李丽